Cahier de laboratoire

EN BONS TERMES

8e édition

Michel A. Parmentier
Bishop's University

Diane Potvin
Bishop's University

Andrée Mister
Queen's University

Pearson Canada
Toronto

ISBN-13: 978-0-13-609653-5
ISBN-10: 0-13-609653-0

Senior Acquisitions Editor: Laura Forbes
Associate Editor: Megan Burns
Managing Editor: Söğüt Y. Güleç
Production Coordinator: Janis Raisen

7 8 9   14 13 12

Printed and bound in Canada.

PEARSON

Table des Matières

Introduction

The audio tracks found on *MyFrenchLab* correspond to the exercises in this cahier. The material has been designed to develop listening and speaking skills while reinforcing and integrating the grammar points and vocabulary studied.

The first exercise in each chapter reproduces the drills presented in the textbook; you should refer to the appropriate pages in the textbook while practising these drills. The cahier does not reproduce these pronunciation drills, nor the section on numbers in Chapters 2 and 4, since these can already be found in the textbook.

Vocabulary exercises or games are introduced in some chapters to help you memorize more new words from those chapters.

The grammar exercises review the most important points covered in the corresponding chapter in the textbook; to avoid duplication, these exercises differ from the exercises in the textbook. They are short, varied and, whenever possible, put in a context. Each exercise is preceded by instructions in English in the first three chapters, and by instructions in French in subsequent chapters. The instructions are illustrated by a model. If you are using the cahier in a lab, a four-phase working format is used throughout: you hear a question or sentence, you respond orally, then you hear the correct response, and you repeat it. If you are using the cahier on *MyFrenchLab*, you can play the audio track to hear the question or sentence, respond orally, and then play the audio track to check your answer.

The listening comprehension exercises relate to the chapter theme and consist of conversations followed by a series of questions. You answer one question, then you hear the correct response and repeat it. Some comprehension exercises may serve as a basis for a discussion. You will find the transcript of the comprehension exercises in the last pages of the lab manual. In Chapter 5 only, the comprehension exercise consists of a series of questions, each followed by three possible answers: you select the correct and logical one.

The dictation is read twice: the first time, for listening; the second time, with pauses so that you can write it down. Each group of words dictated is repeated twice so that you can check right away what you have just written. If you feel that it is necessary, rewind your tape and listen to the dictation again as it is read the first time. The dictation in the first two chapters is a fill-in the blanks type of exercise.

The work in the cahier should only be done after the corresponding chapter in the textbook has been studied. If you are using the cahier and audio program in a language lab, you are invited to read the exercises in your lab manual and write down the answers, if you wish, before the lab session. You will then feel more comfortable doing the exercises orally without the support of the lab manual when you are in the lab.

The work in the language lab is two-phased. First, all exercises should be done orally. Second, listen to your oral work, and compare your answers with those given on the audio track. While you are listening, write down, in the space provided in the lab manual, what needs to be improved in grammar and pronunciation. If time is short during the lab session, listen to your oral work at home or in a practice lab. The work you do before and after the lab session is as useful as the work you do during the lab session.

Features

- Pronunciation exercises come first so that the students can practise their pronunciation skills in the subsequent exercises.
- Vocabulary games are included in some units.
- Grammar exercises are put in a context whenever possible helping students realize when and how to use grammatical structures. Each exercise is accompanied by the title of the corresponding grammar point in the textbook, instructions and a model. Starting with Chapter 4, the instructions are in French.
- A special effort was made to introduce in all exercises as many different words as possible from each chapter in the textbook.
- Comprehension exercises are conversations and presentations, which are followed by a few questions which the students answer orally. The answers are provided on the audio tracks. The students can find the printed conversations and presentations in the last few pages of their lab manual.
- Dictations reflect the chapter themes and vocabulary lists in the textbook. A fill-in the blanks type of dictation is included in Chapters 1 and 2.
- Students are invited to use the lab manual both as a preparation and an improvement tool. A detailed method for effective use of the lab manual is written in the Introduction above.

1
Chapitre un
Faisons connaissance

EXERCICES DE PRONONCIATION

Exercice 1 - L'alphabet -

Repeat each letter just as you hear it.

(See chapter 1 in your manual.)

Exercice 2 - Les sons du français -

Listen carefully to the following words, then repeat them just as you hear them.

(See chapter 1 in your manual.)

Exercice 3 - L'intonation -

Listen carefully to the following words and sentences, then repeat them just as you hear them.

(See at the end of chapter 1 in your manual)

EXERCICES DE VOCABULAIRE

Exercice 1 - Les salutations -

Repeat according to the model.

Model: You hear: Bonjour, madame.
You repeat: *Bonjour, madame.*

1. Bonjour, madame.
2. Bonjour, mademoiselle.
3. Bonsoir, monsieur.
4. Bonsoir, madame.
5. Salut, Didier.
6. Comment vous appelez-vous?
7. Ça va?
8. Comment ça va?
9. A plus tard.
10. A demain.
11. Comme ci comme ça.
12. Pardon.
13. Salut.
14. Excusez-moi.
15. Comment allez-vous?
16. Comment t'appelles-tu?
17. Je m'appelle Jeanne.

18. Très bien, merci.
19. Je vais bien, merci.
20. Au revoir.
21. A la prochaine.
22. Bonne nuit.
23. Bonne journée.
24. Bonne soirée.
25. Je ne sais pas.
26. Je ne comprends pas.

Exercice 2 - The adjectives -

You meet new students who describe themselves. You are the exact opposite and say so.

E.g. One student says: Je suis timide.
Your response is: *Je suis extraverti.*

1. Je suis pessimiste.

____

2. Je suis déraisonnable.

____

3. Je suis riche.

____

4. Je suis irresponsable.

____

EXERCICES DE GRAMMAIRE

Exercice 1 - Le verbe *être* à la forme interrogative avec *est-ce que* -

More students are gathering in your group. It is now more difficult to hear what is said. You ask a question using *est-ce que* to check with those students that you heard what was said properly.

E.g. One student says: Je suis dynamique.
You ask that student: *Est-ce que tu es dynamique?*

1. Je suis modeste.

Est-ce que tu es modeste?
____

2. Je suis réaliste.

Est-ce que tu es réaliste

3. Je suis calme.

Est-ce que tu es calmée?

4. Je suis sincère.

Est-ce que tu es sincère

5. Je suis jeune.

Est-ce que tu es jeune?

Exercice 2 - Le verbe *être* à la forme négative -

Some students in the group ask about your teachers. Give a negative answer to their questions.

E.g. One student asks: Est-ce qu'ils sont stupides?
You answer: *Non, ils ne sont pas stupides.*

1. Est-ce qu'ils sont impatients?

Non, ils ne sont pas impatients.

2. Est-ce qu'ils sont arrogants?

Non, ils ne sont pas arrogants.

3. Est-ce qu'ils sont intolérants?

Non, ils ne sont pas intolérants

4. Est-ce qu'ils sont sévères?

Non, ils ne sont pas sévères

5. Est-ce qu'ils sont mécontents?

Non, ils ne sont pas mécontents.

6. Est-ce qu'ils sont fatigués?

Non, ils ne sont pas fatigués

Exercice 3 - Le féminin des adjectifs -

Now one student tells you about a friend, Pierre. You describe your friend Suzanne who is very much like Pierre.

E.g. One student says: Pierre est patient.
You answer: *Suzanne est patiente*.

1. Pierre est intelligent. Et Suzanne?

Suzanne est intelligente
___

2. Pierre est grand. Et Suzanne?

Suzanne est grande
___

3. Pierre est blond. Et Suzanne?

Suzanne est blonde
___

4. Pierre est intéressant. Et Suzanne?

Suzanne est intéressante
___

5. Pierre est amusant. Et Suzanne?

Suzanne est amusante
___

DICTÉE

You will hear the dictation twice. Listen as it is first read in a natural way. Then the dictation is read with pauses to give you time to write the words down. The words you have to write are repeated twice.

______________,

Je ______________ Dominique. Je suis ______________. Je suis

______________ et responsable. ______________ je suis amusant?

________________________ mais je suis ______________.

Bonne ______________.

2
Chapitre deux
Une chambre confortable

EXERCICES DE PRONONCIATION

(At the end of chapter 2 in your manual)

EXERCICE DE VOCABULAIRE

Find the odd one out - Cherchez l'intrus -

You will hear groups of four words, three of which have something in common. Each group will be repeated twice. Find the odd word out and say it. You will then hear the correct answer followed by an explanation in French telling you why that particular word was chosen.

1. un chien, un chat, un kangourou, une revue

____

2. un ordinateur, une lampe, un livre, un téléviseur

____

3. trente et un, une étagère, une commode, une table de nuit

____

4. un tableau, un miroir, une affiche, une couverture

____

5. un plafond, un tapis, un plancher, une porte

____

EXERCICES DE GRAMMAIRE

Exercice 1 - Genre et nombre des noms -

You need to furnish your room, so you go to a store where you can find good bargains. The merchant tells you what is available.

E.g. He says: J'ai des lits. Ils sont bons.
You check the item and say: *Oui, ce sont de bons lits!*

1. J'ai des chaises. Elles sont vieilles.

____

2. J'ai des bureaux. Ils sont spacieux.

Oui, ~~Ce sont~~ spacieux bureaux
napkin

3. J'ai des serviettes. Elles sont pratiques.

Oui, ce sont pratiques servettes

4. J'ai des machines à écrire. Elles sont modernes.

Oui, ce sont moderne machines à écrire

5. J'ai des photos. Elles sont jolies.

Oui ~~ce~~ sont jolies photos

Exercice 2 - Le verbe *avoir* à la forme affirmative -

You have just come back from the store when the phone rings. Your sister wants to know what you and some of your friends have in your room. You and your friends have everything she mentions.

E.g. She asks: Est-ce que tu as une radio?
You answer: *Oui, j'ai une radio.*

1. Est-ce que tu as aussi des cassettes?

Oui j'ai ~~unes~~ cassettes

2. Est-ce que tu as une table basse?

Oui j'ai ~~une~~ table basse.

3. Est-ce que Paul a un gros fauteuil?

4. Est-ce que Lucie a un ordinateur moderne?

5. Est-ce que David et Luc ont des photos spéciales?

6. Est-ce que Marie et Nicole ont de belles affiches?

7. Est-ce que vous avez des chaises confortables?

8. Est-ce que vous avez des livres intéressants?

____

Exercice 3 - Le verbe *avoir* à la forme négative -

You and your friends do not have anything your sister mentions this time.

E.g. She asks: Est-ce que tu as des plantes vertes?
You respond: Avoir *Non, je n'ai pas de plantes vertes.*

1. Est-ce que tu as un tapis?
Non, Je n'ais pas de tapis

2. Est-ce que tu as un téléviseur?
Non, je n'ais Pas de télévseur

3. Est-ce que Paul a un chat?
Non, Ill n'a pas de chat

4. Est-ce que Lucie a un chien?
Non, elle n'a pas de chien.

5. Est-ce que Luc et Isabelle ont une auto?
Non, Ils n'ont pas d'auto.

Exercice 4 - L'adjectif au masculin et au féminin -

Now a friend enters your room to compare what you both have.

E.g. Your friend says:
J'ai un nouvel ordinateur. Je n'ai pas de machine à écrire.
You reply:
J'ai une nouvelle machine à écrire.

1. J'ai un vieux téléviseur. Je n'ai pas de radio.
J'ai un radio

2. J'ai un beau bureau. Je n'ai pas de commode.
J'ai un commode

3. J'ai des fauteuils confortables. Je n'ai pas de chaises.
J'ai les chaises

4. J'ai des livres intéressants. Je n'ai pas de revues.

____

Exercice 5 - Les nombres -
Repeat according to the model.

Model: un
You repeat: *un*

(See chapter 2 in your manual.)

EXERCICE DE COMPRÉHENSION AUDITIVE

Which sentence is correct? Say the correct sentence only.

E.g. You hear: Ils sont des rideaux. Ils ont des rideaux.
You say: *Ils ont des rideaux.*

1. Ils sont trois téléphones. Ils ont trois téléphones.

____

2. Elles ont des crayons. Elles sont des crayons.

____

3. Tu es une maison. Tu as une maison.

____

DICTÉE

You will hear the dictation twice. Listen as it is first read in a natural way. Then the dictation is read with pauses to give you time to write the words down. The words you have to write are repeated twice.

Je ________ en résidence. J'ai ________ chambre ______________

avec une ____________ fenêtre. Elle n'est pas ______________.

Je n'ai pas ________ téléviseur mais j'ai un ________________

________________. ________ ________ plantes vertes.

3
Chapitre trois
Parle-moi de toi

EXERCICES DE PRONONCIATION

(At the end of chapter 3 in your manual)

EXERCICES DE VOCABULAIRE

Exercice 1 - What word does not rhyme with the others? - Quel mot ne rime pas avec les autres? –

You will hear groups of four words. One of these words does not rhyme with the others. Each group will be repeated twice. Find the odd word and say it. You will then hear the correct answer.

1. attentif, agressif, impulsif, égoïste

____

2. fierté, qualité, bibliothèque, fatigué

____

3. endurant, tolérant, indépendant, tendance

____

4. ambition, souvent, concentration, chanson

____

Exercice 2 - What sentence is most probably right? - Quelle phrase est probablement vraie? –

You will hear two sentences, choose the one that most reflects what happens in life. Each sentence will be repeated twice. Repeat only the sentence that is most true to life.

1. Un oiseau chante dans le parc.
   Un oiseau chante dans la banque.

____

2. Les personnes autoritaires sont charmantes.
Les personnes autoritaires sont agressives.

____

3. La concentration est un effort intellectuel.
La concentration sur un travail est toujours très facile.

____

EXERCICES DE GRAMMAIRE

Exercice 1 - Présent de l'indicatif des verbes en *-er* -

Speak about yourself by giving an affirmative or negative answer to the following questions. Use a subject pronoun whenever possible.

You hear the question: Parlez-vous anglais dans le laboratoire?
You answer: *Non, nous ne parlons pas anglais dans le laboratoire.*

1. Parlez-vous français dans le laboratoire?

____

2. Aimes-tu les gens honnêtes?

____

3. Fumes-tu cinquante cigarettes par jour?

____

4. Mangez-vous aussi le dimanche?

____

5. Un étudiant enthousiaste travaille-t-il bien?

____

6. Où les étudiants écoutent-ils le professeur?

____

Exercice 2 - Interrogation: L'inversion -

You can't believe what somebody just said. So you change the sentence into a question, using the inversion of subject and verb.

E.g. you hear: Je danse le rock.
You ask: *Danses-tu le rock*?

1. J'habite en face d'un parc.

____

2. J'arrive à l'université en août.

____

3. Elle étudie du lundi au samedi.

____

4. Il travaille de mai à septembre.

____

5. Des professeurs sont timides.

____

6. Le besoin d'avoir des amis est constant.

____

Exercice 3 - Le verbe *aller* à la forme affirmative -

An important word is obviously missing in the following sentences. Complete them with the correct form of the verb *aller* and either *au* or *à la*.

E.g. you hear: Je au restaurant le lundi.
You correct: *Je vais au restaurant le lundi.*

1. Je la bibliothèque le mardi.

____

2. Simon le cinéma le mercredi.

____

3. Nous le parc le jeudi.

____

4. Tu la cafétéria le vendredi.

____

5. Les étudiants le café le samedi.

____

Exercice 4 - L'impératif affirmatif -

A friend asks you for advice because you are a good student. You are happy to help that person with positive ideas.

E.g. You would like to speak about:
Avoir des amis sincères.
You tell your friend:
Aie des amis sincères.

1. Écouter les professeurs

____

2. Étudier à la bibliothèque

____

3. Aller en classe

____

4. Rester optimiste

____

5. Jouer au tennis le dimanche

____

Exercice 5 - L'impératif négatif -

Now you tell your friend what one should not do.

E.g. You would like to speak about:
Chanter dans la bibliothèque
You tell your friend:
Ne chante pas dans la bibliothèque.

1. Manger de gros dîners

____

2. Être irresponsable

____

3. Jouer au poker avec des amis

____

Exercice 6 - Les pronoms toniques -

At the end of the week, everybody goes home. Compose a sentence with the correct form of the verb *aller*, the preposition *chez* and the correct stress pronoun.

E.g. When you hear: Pierre
You say: *Pierre va chez lui.*

1. Tu ____________________
2. Nous ____________________
3. Je ____________________
4. Pauline ____________________
5. Le professeur ____________________
6. Louise et Mariève ____________________
7. Les étudiants ____________________

Exercice 7 - Les mois, les saisons -

Repeat according to the model.

Model: You hear: janvier
You repeat: *janvier*

Les mois de l'année

Janvier
Février
Mars
Avril
Mai
Juin
Juillet
Août
Septembre
Octobre
Novembre
Décembre

Les quatre saisons

Le printemps - l'été - l'automne - l'hiver

EXERCICE DE COMPRÉHENSION AUDITIVE

Listen to this phone conversation. While you are listening, circle all the right statements in your lab manual. You will hear this conversation once.

1. a. Maman téléphone.
   b. Marie-Ange téléphone.
   c. Solange téléphone.

2. a. L'étudiant(e) aime l'université.
   b. L'étudiant(e) aime l'uniformité.
   c. L'étudiant(e) aime la diversité.

3. a. Les professeurs sont sévères.
   b. Les professeurs sont raisonnables.
   c. Les professeurs sont autoritaires.

4. a. L'ordinateur est sur le bureau.
   b. L'ordinateur est à droite de la fenêtre.
   c. L'ordinateur est à gauche de la fenêtre.

5. a. L'étudiant(e) téléphone mardi.
   b. L'étudiant(e) téléphone lundi.
   c. L'étudiant(e) téléphone samedi.

DICTÉE

You will hear the dictation twice. Listen to the complete dictation as it is first read in a natural way. Then the dictation is read a second time with pauses to give you time to write the words down. Each group of words is repeated twice. You need to know the following punctuation signs in French:

"point"	means	"period"
"virgule"	means	"comma"

____

____

____

____

____

____

____

____

____

4
Chapitre quatre
La ville de Québec

EXERCICES DE PRONONCIATION

(À la fin du chapitre 4 dans votre manuel)

EXERCICE DE VOCABULAIRE

- Association - Quelle est l'association avec le premier mot des groupes suivants?

Par exemple, dans le groupe: grossir, cafétéria, promenade,
Vous associez: *grossir* et *cafétéria*

1. touriste, monument, industrie

___

2. pays, vue, gouvernement

___

3. appartement, immeuble, système

___

4. bâtir, centre commercial, aspect

___

5. élargir, situation, route

___

EXERCICES DE GRAMMAIRE

Exercice 1 - Présent de l'indicatif des verbes en *-ir* -

Parlons de la vie à l'université. Répondez aux questions affirmativement en utilisant un pronom si possible.

Modèle: Les plantes fleurissent-elles en été sur le campus?
Oui, elles fleurissent en été sur le campus.

1. Les étudiants réfléchissent-ils à leurs priorités?

___

2. Est-ce que les professeurs avertissent les étudiants d'un examen?

____

3. Obéissez-vous aux règlements?

____

4. Choisissez-vous vos cours?

____

5. Est-ce que tu finis tes devoirs le week-end?

____

6. Est-ce que tu établis un programme de travail?

____

Exercice 2 - L'heure -

Des personnes ont un rendez-vous avec un avocat. Est-ce que ces persones viennent à l'heure, en avance ou en retard?

Modèle: Émilie a un rendez-vous à neuf heures; elle arrive à neuf heures moins le quart.
Elle vient en avance.

1. Anne et Robert ont un rendez-vous à dix heures et quart; ils arrivent à dix heures et quart.

____

2. Marc a un rendez-vous à onze heures et demie; il arrive à onze heures vingt.

____

3. Isabelle et Philippe ont un rendez-vous à midi; ils arrivent à midi cinq.

____

Exercice 3 - Les verbes *aller* et *revenir* à la forme affirmative -

Vos amis sont curieux. Répondez à leurs questions et remplacez *aller* par *revenir*. Attention aux prépositions.

Modèle: Vas-tu à Montréal?
Mais non, je reviens de Montréal.

1. Vas-tu à la piscine?

____

2. Vas-tu au laboratoire?

____

3. Vas-tu au centre-ville?

____

4. Est-ce que ton professeur de français va à l'aéroport?

____

5. Est-ce que ton professeur de français va à Québec?

____

6. Tes parents vont-ils à Miami au printemps?

____

7. Les enfants vont-ils à l'école à trois heures et demie?

____

Exercice 4 - Les adjectifs possessifs -

Vous regardez des photos avec des étudiants de votre classe. Ils ont des questions. Vous répondez affirmativement avec un adjectif possessif.

Modèle: Est-ce la maison de tes parents?
Oui, c'est leur maison.

1. Est-ce que ce sont les voitures de tes parents?

____

2. Est-ce que le beau jardin est l'œuvre de ton père?

____

3. Est-ce la rue où tu habites?

____

4. Est-ce que c'est ton quartier préféré?

____

5. Est-ce que ce sont les édifices municipaux de ta ville?

____

6. Est-ce que c'est la femme de ton ami?

____

Exercice 5 - Le futur proche -

Vos parents sont en vacances. Ils téléphonent et parlent des activités qu'ils ont prévues pour la journée. Vous parlez des projets que vous et vos amis avez pour demain.

Modèles: Nous restons à la maison aujourd'hui. Et vous?
Nous allons aussi rester à la maison demain.

Nous restons à la maison aujourd'hui. Pas vous?
Non, nous n'allons pas rester à la maison demain.

1. Nous visitons un site touristique aujourd'hui. Et vous?

____

2. Nous allons dans un musée aujourd'hui. Pas vous?

____

3. Nous marchons une heure dans un parc aujourd'hui. Et vous?

____

4. Nous mangeons au restaurant aujourd'hui. Et vous?

____

5. Nous choisissons des souvenirs aujourd'hui. Pas vous?

____

6. Nous réfléchissons à nos problèmes aujourd'hui. Et vous?

____

Exercice 6 - Les nombres -

Répétez selon le modèle.

Modèle: Cinquante
Cinquante

(Voir chapitre 4 dans votre manuel)

EXERCICE DE COMPRÉHENSION AUDITIVE

Vous êtes dans un hôtel à Québec. Des touristes posent des questions à la réceptionniste. Vous écoutez la conversation. Répondez aux questions en encerclant la réponse correcte dans le cahier de laboratoire.

1. Le château Frontenac, qu'est-ce que c'est?

   a. C'est le château du comte de Frontenac.
   b. C'est un hôtel.
   c. C'est un hôpital.

2. Est-ce qu'il est grand?

   a. Oui, il a 519 chambres.
   b. Oui, il a 529 chambres.
   c. Oui, il a 539 chambres.

3. Quand est-ce que les touristes visitent le château Frontenac?

   a. de neuf heures à cinq heures.
   b. de dix-neuf heures à quinze heures.
   c. vingt-quatre heures sur vingt-quatre.

4. Quel est le numéro de téléphone du château Frontenac?

   a. C'est le 682-3861.
   b. C'est le 692-3861.
   b. C'est le 692-3860.

5. Comment va-t-on au château Frontenac?

   a. On reste dans la rue des Jardins.
   b. On tourne à gauche dans la rue du Trésor.
   c. On tourne à droite dans la rue du Trésor.

DICTÉE

You will hear the dictation twice. Listen to the complete dictation as it is first read in a natural way. Then the dictation is read a second time with pauses to give you time to write the words down. Each group of words is repeated twice. You need to know the following punctuation signs in French:

"point"	means	"period"
"virgule"	means	"comma"

5
Chapitre cinq
A votre santé!

EXERCICES DE PRONONCIATION

(À la fin du chapitre 5 dans votre manuel)

EXERCICES DE VOCABULAIRE

Exercice 1 - Situations/Conversations: Une visite chez le médecin. -

Écoutez et répétez les phrases des dialogues suivants.
(S = Secrétaire P = Patient)

Avec la secrétaire du médecin

S: Bonjour, monsieur.
P: Bonjour, je suis Louis Dupras. J'ai rendez-vous avec le docteur Lafontaine.
S: Est-ce que c'est votre première visite? Est-ce que vous avez un dossier ici?
P: Oui, c'est ma première visite. Je n'ai pas de dossier.
S: Votre carte d'assurance-maladie, s'il vous plaît?
P: Voici ma carte.
S: Passez à la salle d'attente. Le docteur vous appelle dans quelques minutes.
P: Très bien, merci.

(M = Médecin P = Patient)

Avec le médecin

M: Bonjour, monsieur. Quel est l'objet de votre visite?
P: Bonjour, docteur. Eh bien, j'ai mal à la tête et à la gorge. Je tousse, j'ai le nez bouché et j'ai aussi mal aux oreilles.
M: Eh bien, ce n'est pas grave. Vous avez une grippe. Voici une ordonnance et vous allez revenir dans quinze jours.
P: Très bien, merci docteur. Au revoir.

Exercice 2 - Le corps humain -

Répétez les groupes de mots.

les cheveux, la tête, les épaules
les yeux, le nez, les oreilles
la langue, les dents, la bouche
le cou, la poitrine, le ventre
les bras, les coudes, les poignets
les mains, les pouces, les index
les jambes, les genoux, les chevilles
les pieds, les doigts, les ongles

Exercice 3 - Mots de la même famille -

Vous allez entendre des groupes de trois mots. Choisissez les mots de la même famille.

Par exemple, dans le groupe: malade, maladie, manque
Les mots de la même famille sont: *malade, maladie*

1. raison, raisonnable, rester

____

2. danser, dent, dentiste

____

3. chanter, charmant, chanteur

____

4. médecin, médicament, ordonnance

____

5. facile, pharmacie, pharmacien

____

Exercice 4 - Mots apparentés en français et en anglais -

Vous allez entendre des mots en anglais. Ces mots sont similaires mais pas identiques en français.

Quand vous entendez par exemple: clinic
Vous dites: *une clinique*

doctor ______________________________

hospital ______________________________

letter ______________________________

patient ______________________________

remedy ______________________________

syrup ______________________________

to consult ______________________________

EXERCICES DE GRAMMAIRE

Exercice 1 - Présent de l'indicatif des verbes en *-re* -

Vous êtes dans la salle d'attente et vous attendez le médecin. Il y a aussi d'autres personnes. Imaginez le scène. Construisez des phrases avec les éléments donnés en conjugant le verbe.

Exemple: La secrétaire - répondre - au téléphone
La secrétaire répond au téléphone.

1. Quatre personnes - attendre - le médecin.

___

2. Un enfant - vouloir - rentrer chez lui.

___

3. Sa mère - chanter - une chanson douce.

___

4. Une vieille dame - perdre - ses lunettes.

___

5. L'enfant - rendre - les lunettes à la dame.

___

6. On - entendre - le bruit de la porte.

___

7. L'enfant et sa mère - pouvoir - parler au docteur.

___

Exercice 2 - Les adjectifs démonstratifs -

Richard veut devenir culturiste (= bodybuilder). Avec son copain, il regarde des photos de culturistes. Vous n'entendez pas des phrases complètes mais vous pouvez répéter leurs phrases avec des adjectifs démonstratifs.

Exemple: Regarde ... épaules.
Regarde ces épaules!

1. Regarde ... bras.

___

2. Regarde ... poitrine.

____

3. Regarde ... jambes.

____

4. Regarde ... cou.

____

5. Regarde ... ventre.

____

Exercice 3 - *Venir de* + infinitif -

Pourquoi ces personnes sont-elles dans cette situation? Qu'est-ce qu'elles viennent de faire?

Exemple: Daniel est content. Il va vendre sa vieille voiture?
Mais non, il vient de vendre sa vieille voiture.

1. Philippe a une grosse bouche. Il va aller chez le dentiste?

____

2. Anne ne tousse pas. Elle va prendre du sirop?

____

3. Vous n'êtes pas gros. Vous allez perdre du poids?

____

4. Vous avez une ordonnance. Vous allez consulter le médecin?

____

5. Marie et Patrick ont tous les deux la langue orange. Ils vont boire un jus d'orange?

____

Exercice 4 - Les expressions idiomatiques avec *avoir* -

Vous avez des amis à la maison. Vous écoutez leurs commentaires, puis vous posez une question avec *avoir besoin de, avoir envie de, avoir faim, avoir soif, avoir l'intention de* ou *avoir peur de.*

Exemple: Je suis malade, mais je ne veux pas aller à l'hôpital. Je n'aime pas les infirmières.
As-tu peur des infirmières?

1. Nous avons du vin, mais nous n'avons pas de verre.

____

2. Je veux un grand verre de jus d'orange.

____

3. Nous voulons manger dans une minute.

____

4. J'aime danser.

____

5. Je veux trouver un travail pour l'été.

____

EXERCICE DE COMPRÉHENSION AUDITIVE

Vous allez entendre une série de question. Vous avez trois réponses possibles dans le cahier. Encerclez la réponse logique.

1. a. Non, nous avons raison.
   b. Non, nous sommes fatigués.
   c. Non, nous venons de manger.

2. a. Parce que j'attends l'autobus.
   b. Parce que j'ai besoin d'argent.
   c. Parce qu'elle est confortable.

3. a. Non, j'ai envie de marcher.
   b. Oui, tu veux attendre.
   c. Non, il est à l'heure.

4. a. Non, je n'ai pas le temps ce soir.
   b. Non, je ne peux pas rentrer ce soir.
   c. Non, j'ai hâte de manger ce soir.

5. a. Chez le médecin.
   b. À la pharmacie.
   c. À l'hôpital.

DICTÉE

Vous allez entendre la dictée deux fois. Écoutez la dictée complète une fois. À la deuxième écoute, écrivez la dictée pendant les pauses. Les mots sont répétés deux fois.

"point"	veut dire	"period"
"virgule"	veut dire	"comma"

6
Chapitre six
Le magasinage et la mode

EXERCICES DE PRONONCIATION

(À la fin du chapitre 6 dans votre manuel)

EXERCICE DE VOCABULAIRE

- Des mots utiles et leurs contraires - Donnez le contraire des mots que vous entendez.

Exemple: être bien habillé
être mal habillé

1. être bon marché ____________________
2. démodé ____________________
3. usé ____________________
4. à crédit ____________________
5. un vêtement classique ____________________

EXERCICES DE GRAMMAIRE

Exercice 1 - Modifications orthographiques de quelques verbes réguliers en *-er* -

Remplacez le sujet "je" par le sujet "nous" et changez les verbes en conséquence dans les phrases suivantes.

Exemple: J'achète un poulet.
Nous achetons un poulet.

1. J'amène un chien.

____

2. J'emmène un enfant à l'école.

____

3. J'appelle une conférencière.

____

4. Je jette une bouteille.

____

5. Je paie le couturier.

____

6. Je n'ennuie pas le vendeur.

____

7. Je n'essaie pas de vêtement.

____

8. Je préfère la chaleur.

____

9. Je ne répète pas mon commentaire.

____

10. J'espère faire un bon achat.

____

11. Je ne mange pas de fromage.

____

12. Je change de médecin.

____

13. Je commence les courses à neuf heures.

____

Exercice 2 - Les articles partitifs -

On aime comparer. Répondez aux questions selon le modèle.

Modèle: As-tu de l'ambition? Et Suzanne?
Oui, j'ai de l'ambition, mais Suzanne n'a pas d'ambition.

1. As-tu du talent? Et Christine?

____

2. As-tu de la chance? Et Charlie Brown?

____

3. Écoutes-tu de la musique le matin? Et Albert?

____

4. Manges-tu du chocolat? Et les chats?

____

5. Achètes-tu de l'eau? Et tes parents?

____

6. Est-ce que les vendeurs demandent de l'argent? Et toi?

____

Exercice 3 - *Devoir* + infinitif -

Le verbe *devoir* n'est pas réellement compliqué.

Répondez aux questions en utilisant le verbe *devoir* pour indiquer une obligation.

Exemple: Est-ce que tu paies tes dettes?
Oui, je dois payer mes dettes.

1. Est-ce qu'on porte un pantalon avec un veston?

____

2. Est-ce qu'on porte un manteau en hiver?

____

3. Est-ce qu'on emprunte de l'argent pour payer une maison?

____

Répondez aux questions en utilisant le verbe *devoir* pour indiquer une intention.

Exemple: Est-ce que tu comptes faire un voyage après tes examens?
Oui, je dois faire un voyage après mes examens.

4. Est-ce que tu vas rencontrer un couturier demain?

____

5. Est-ce que vous allez magasiner samedi matin?

____

6. Allez-vous au cinéma samedi soir?

____

Répondez aux questions en utilisant le verbe *devoir* pour indiquer une probabilité.

Exemple: Cécile joue au tennis et au football. Est-elle en forme?
Oui, elle doit être en forme.

7. Richard paie sa nouvelle voiture comptant. Est-il riche?

____

8. Marie a un examen oral dans cinq minutes. Est-elle nerveuse?

____

9. Paul va dans un magasin le lundi, le mercredi et le vendredi. Travaille-t-il dans ce magasin?

____

Exercice 4 - Les pronoms interrogatifs *qui* et *que* -

Vous rencontrez un copain dans un supermarché. Quand il parle, vous n'entendez pas bien les fins de ses phrases, alors vous posez des questions avec *qui* ou avec *que*.

Exemples: Je retrouve des amis ce soir.
Qui retrouves-tu ce soir?

Je veux préparer leur repas.
Que veux-tu préparer?

1. Ils préfèrent le poulet.

____

2. Ils mangent aussi du pain.

____

3. J'achète une bouteille de vin.

____

4. J'appelle le vendeur.

____

5. Je paie mes achats.

____

Exercice 5 - Construction verbe + infinitif -

Vous devez faire une seule phrase avec les deux qui sont proposées.

Exemple: Suzanne attend l'autobus. Elle déteste cela.
Suzanne déteste attendre l'autobus.

1. Nous vendons notre voiture. Nous pensons cela.

____

2. Mes parents regardent les vitrines. Ils adorent cela.

____

3. Tu joues aux cartes. Tu préfères cela.

____

4. Vous avez une récompense. Vous espérez cela.

____

5. Vous empruntez mes notes de cours. Vous comptez faire cela.

____

6. Pierre est à la mode. Il souhaite cela.

____

Exercice 6 - Le pronom relatif *qui* -

Vous entrez dans un magasin de vêtements. Reliez les deux phrases avec le pronom relatif *qui*.

Vous pensez: Voici une jupe. Cette jupe est magnifique.
Vous dites: *Voici une jupe qui est magnifique.*

1. La jupe a une ceinture. Cette ceinture est à la mode.

____

2. Regarde ce chandail. Il a l'air chaud.

____

3. J'aime aussi ce foulard. Il va bien avec le chandail.

____

4. J'achète ces vêtements. Ils ne coûtent pas cher.

____

Exercice 7 - Le pronom relatif *que* -

Reliez les deux phrases avec le pronom relatif *que*.

Exemple: Le couturier a un complet. On admire ce complet
Le couturier a un complet qu'on admire.

1. Marie a un châle. Je souhaite emprunter ce châle.

____

2. Je choisis le manteau. Je vais porter ce manteau.

____

3. Suzanne a une cravate. Je déteste cette cravate.

____

4. J'achète les souliers. Je préfère ces souliers.

____

5. Columbo porte un imperméable. Je ne veux pas cet imperméable.

____

EXERCICE DE COMPRÉHENSION AUDITIVE

Dans un magasin de vêtements, Daniel veut acheter un pantalon. Écoutez la conversation entre la vendeuse et lui. Puis, répondez oralement aux questions par des phrases complètes. Vous allez entendre les réponses correctes après vos réponses.

1. Qu'est-ce que Daniel veut acheter?

____

2. Quelle est sa taille?

____

3. Quelle couleur est-ce que Daniel préfère?

____

4. Où essaie-t-il le pantalon?

____

5. Combien coûte le pantalon?

____

6. Est-ce que le pantalon lui va bien?

____

7. Le pantalon est-il en laine?

____

8. Quand est-ce que Daniel a besoin de son nouveau pantalon?

____

9. Comment est-ce que Daniel paie son pantalon?

____

DICTÉE

Vous allez entendre la dictée deux fois. Écoutez la dictée complète une fois. À la deuxième écoute, écrivez la dictée pendant les pauses. Les mots sont répétés deux fois.

"point"	veut dire	"period"
"virgule"	veut dire	"comma"

____

____

____

____

____

____

____

____

____

7
Chapitre sept
Les études et la carrière

EXERCICES DE PRONONCIATION

(À la fin du chapitre 7 dans votre manuel)

EXERCICE DE VOCABULAIRE

- La vie à l'université -

Vous venez d'étudier un an dans une université québécoise. Votre ami(e) pense aussi partir pendant un an au Québec. Vous répondez à ses questions par des phrases complètes. Il y a des réponses partielles dans votre cahier de laboratoire pour vous aider. Écoutez les réponses sur la cassette et répétez-les.

1. Il faut - suivre des cours de - littérature française - linguistique - histoire - psychologie - méthodologie.

____

2. On - devenir - professeur.

____

3. raisonnable - contacts entre étudiants - faciles - travailler ensemble - en groupes - classe.

____

4. ils - garder - temps libre - pour aider - étudiants - cours.

____

5. faire un bon travail - étudier et dormir assez - sortir trop souvent - pour réussir.

____

6. rester économe - dépenser peu d'argent - loisirs.

____

7. La plupart du temps - trouver bonne et fraîche.

____

8. regretter.

____

EXERCICES DE GRAMMAIRE

Exercice 1 - Le verbe irrégulier *faire* -

Répondez aux questions avec le sujet proposé.

Exemple: Qui fait la vaisselle? - moi
Je fais la vaisselle.

1. Qui fait des exercices? - nous

____

2. Qui fait des études de médecine? - Hélène et Patrick

____

3. Qui fait la cuisine? - toi

____

4. Qui fait du ski? - vous

____

5. Qui fait des progrès? - moi

____

6. Qui fait des affaires? - les commerçants

____

Exercice 2 - Les pronoms interrogatifs *qui* et *quoi* après une préposition -

Dominique passe une audition devant un directeur de théâtre. Vous l'attendez avec une autre personne qui fait des commentaires. Mais vous n'entendez pas bien la fin de ses phrases. C'est pourquoi vous posez des questions avec *qui* ou *quoi*.

Exemple: J'ai envie d'attendre Dominique.
De quoi as-tu envie?

1. Dominique parle au directeur.

____

2. Elle est assise en face du secrétaire.

____

3. Dominique joue de la guitare.

____

4. Elle sort avec son instrument.

____

5. Elle a besoin d'un verre d'eau.

____

Exercice 3 - *Il y a* -

Répondez aux questions affirmativement ou négativement.

Exemples: Y a-t-il du sucre dans le chocolat?
Oui, il y a du sucre dans le chocolat.

Y a-t-il du savon au laboratoire de langues?
Non, il n'y a pas de savon au laboratoire de langues.

1. Y a-t-il des acteurs dans un film?

____

2. Y a-t-il des informaticiennes à IBM?

____

3. Y a-t-il une traductrice dans une ferme?

____

4. Y a-t-il des policiers sur les routes?

____

5. Y a-t-il un soldat derrière la porte?

____

Exercice 4 - Les pronoms personnels objets directs -

On peut répondre plus vite avec des pronoms. Répondez aux questions avec un pronom personnel objet direct.

Exemple: Tu fais tes études à l'université ou au collège?
Je les fais à l'université.

1. Tu laisses ta calculatrice dans ton manteau ou dans ta serviette?

____

2. Vous rencontrez vos professeurs dans les classes ou dans les bars?

____

3. Vos professeurs vous encouragent ou vous découragent?

____

4. La plupart des employés de l'université quittent le campus à cinq heures du matin ou à cinq heures de l'après-midi?

____

5. Ton employeur te respecte ou te déteste?

____

Exercice 5 - Les noms de profession avec *il est, elle est, c'est* -

Que font ces personnes dans la vie?

Vous entendez: Edith Butler, chanteuse, acadienne.
Vous créez les phrases: *Edith Butler? Elle est chanteuse.*
C'est une chanteuse acadienne.

1. Michel Rivard, chanteur, sérieux.

____

2. Karen Kain, ballerine, exceptionnelle.

____

3. Roberta Bondar, astronaute, enthousiaste.

____

4. Jean-Claude Poitras, couturier, québécois.

___

5. Clémence Desrochers, humoriste, talentueuse.

___

6. André-Philippe Gagnon, imitateur, amusant.

___

EXERCICE DE COMPRÉHENSION AUDITIVE

- Quel temps fait-il? - Écoutez les prévisions du temps comme à la radio. Dans votre cahier de laboratoire, cochez les expressions ci-dessous quand vous les entendez sur la cassette. Vous allez entendre les prévisions du temps une fois.

1. Il fait très beau.
2. Il fait sec.
3. Il ne fait pas de vent.
4. pleuvoir.
5. Il fait du soleil.
6. C'est un ciel couvert de nuages.
7. ensoleillé
8. Il va y avoir des nuages.
9. nuageux
10. avoir de la pluie.
11. l'ouest - à l'est - du sud
12. 15 - 16 - 19 - 30 - -1 - 0 - -2

DICTÉE

Vous allez entendre la dictée deux fois. Écoutez la dictée complète une fois. À la deuxième écoute, écrivez la dictée pendant les pauses. Les mots sont répétés deux fois.

"point" veut dire "period"
"virgule" veut dire "comma"

____

____

____

____

____

____

____

____

____

____

____

____

8
Chapitre huit
Les sports

EXERCICES DE PRONONCIATION

(À la fin du chapitre 8 dans votre manuel)

EXERCICES DE GRAMMAIRE

Exercice 1 - Les verbes irréguliers *prendre* et *mettre* -

Répondez aux questions selon le modèle.

modèle: Qui prend le cadeau? - moi
Je prends le cadeau.

1. Qui prend le ballon? - un coéquipier

____

2. Qui ne met pas de casque? - l'entraîneur

____

3. Qui apprend le ski alpin? - moi

____

4. Qui met des patins? - les joueurs de hockey

____

5. Qui comprend le règlement? - nous

____

6. Qui soumet sa candidature à un employeur? - toi

____

Exercice 2 - Les pronoms personnels objets indirects -

Remplacez le nom objet indirect par un pronom objet indirect selon le modèle.

modèle: Nous parlons à la championne.
Nous lui parlons.

1. Pierre téléphone à sa partenaire.

____

2. Il n'obéit pas aux arbitres.

---

3. Je vais parler au moniteur.

---

4. Nous ne pouvons pas téléphoner au gagnant.

---

5. Le champion permet aux journalistes de prendre des photos.

Exercice 3 - Les pronoms objets indirects *me*, *te*, *nous* et *vous* -

Répondez aux questions selon le modèle.

modèle: Est-ce que la monitrice vous explique les règles?
Oui, elle nous explique les règles.

1. Est-ce qu'on vous pose des questions?

---

2. Est-ce que tu peux me répondre?

---

3. Est-ce que je dois vous donner des conseils?

---

4. Est-ce que tu vas me rendre visite ce soir?

Exercice 4 - Le passé composé avec *avoir* -

Employez le passé composé quand vous répondez aux questions selon le modèle.

modèle: Est-ce que tu vas entraîner l'équipe?
Non, j'ai déjà entraîné l'équipe.

1. Est-ce que tu vas faire une course?

---

2. Est-ce que tu vas regarder mon nouveau vélo?

---

3. Est-ce que tu vas vendre tes patins?

____

4. Est-ce que tu vas finir ton entraînement?

____

5. Est-ce que tu vas descendre la pente?

____

6. Est-ce que tu vas donner ton équipement?

____

7. Est-ce que tu vas mettre tes skis?

____

8. Est-ce que tu vas faire de la motoneige?

____

Exercice 5 - Le passé composé à la forme interrogative -

Remplacez la question qui commence par *est-ce que* par une question avec inversion selon le modèle.

modèle: Est-ce que tu as pris ton manteau?
As-tu pris ton manteau?

1. Est-ce qu'ils ont pris leur bicyclette?

____

2. Est-ce que Philippe a vendu ses raquettes?

____

3. Est-ce que vous avez apporté vos skis?

____

4. Est-ce que les étudiantes ont fait de la gymnastique?

____

5. Est-ce que l'équipe a gagné la partie?

____

6. Est-ce qu'elle a perdu son gant?

____

Exercice 6 - L'adjectif *tout* -

Mettez une forme de l'adjectif *tout* devant le sujet des verbes et faites attention à l'accord des verbes.

modèle: Ce joueur est excellent.
Tous ces joueurs sont excellents.

1. Le blessé a mal.

___

2. La descente à ski est difficile.

___

3. Ce renseignement est utile.

___

4. La casquette ne coûte pas cher.

___

5. Le saut est dangereux.

___

EXERCICE DE COMPRÉHENSION AUDITIVE

Écoutez le dialogue qui suit. Répondez aux questions suivantes oralement et vérifiez vos réponses sur la cassette.

1. Le mont Tremblant, qu'est-ce que c'est?

___

2. Qu'est-ce qu'on trouve dans le parc du mont Tremblant?

___

3. Quels sports d'hiver peut-on pratiquer dans le parc?

___

4. Qu'est-ce qu'on fait quand on ne sait pas skier?

___

5. Pourquoi est-ce que ces vacances ne coûtent pas cher aux visiteurs français et belges?

___

DICTÉE

Écoutez la dictée la première fois que vous l'entendez, puis écrivez la dictée pendant les pauses quand vous entendez le texte la deuxième fois. On répète tous les mots deux fois.

9
Chapitre neuf
Les voyages

EXERCICES DE PRONONCIATION

(À la fin du chapitre 9 dans votre manuel)

EXERCICE DE VOCABULAIRE

Cherchez l'intrus (= the odd one) dans les deux groupes de quatre mots suivants. Dites le mot qui ne doit pas être dans le groupe. Écoutez la réponse sur la cassette.

1. ouvrière, auteure, agente de bord, bébé

____

2. itinéraire, pomme de terre, publicitaire, célibataire

____

EXERCICES DE GRAMMAIRE

Exercice 1 - Le passé composé avec *être* -

Mettez le verbe au passé composé selon le modèle.

modèle: Nous rentrons à minuit.
Nous sommes rentrés à minuit.

1. À cinq ans, Paul entre à l'école primaire.

____

2. En mille neuf cent quatre-vingt-dix, il sort de l'école secondaire.

____

3. Il arrive à l'université en septembre.

____

4. Il vient le premier jour avec ses parents.

____

5. Ses parents ne restent pas avec lui.

____

6. Ils retournent chez eux.

____

7. Paul va à la bibliothèque.

____

8. Julie passe par la bibliothèque aussi.

____

9. Paul et Julie deviennent bons amis.

____

10. Mais ils ne tombent pas amoureux.

____

Exercice 2 - L'accord du participe passé des verbes conjugués avec *avoir* -

Remplacez le nom objet direct par un pronom objet direct. Il faut faire attention à l'accord du participe passé.

À la question: As-tu compris cette langue?
Vous répondez affirmativement: *Oui, je l'ai comprise.*

1. As-tu fait ton horaire?

____

2. As-tu fait la cuisine?

____

3. As-tu écrit la carte postale?

____

4. As-tu écrit ce roman?

____

Répondez négativement aux questions suivantes.

Exemple: As-tu compris ce message?
Non, je ne l'ai pas compris.

5. As-tu pris ta valise?

____

6. As-tu pris ton billet?

____

7. As-tu dit ce mensonge?

____

8. As-tu dit la vérité?

____

Exercice 3 - Le pronom *en* -

Répondez affirmativement aux questions selon le modèle.

modèle: As-tu assez de liberté?
Oui, j'en ai assez.

1. Reviens-tu de vacances?

____

2. Rapportes-tu des dépliants publicitaires?

____

3. As-tu fait une erreur?

____

4. As-tu pris deux journaux?

____

5. Vas-tu faire une demande?

____

6. Vas-tu regarder un film?

____

Exercice 4 - Le pronom *y* -

Répondez négativement aux questions selon le modèle.

modèle: Es-tu entrée dans l'ascenseur?
Non, je n'y suis pas entrée.

1. Joues-tu aux échecs?

____

2. Es-tu retournée en Asie?

____

3. As-tu réfléchi à ce projet de croisière?

____

4. Veux-tu aller dans cette région?

____

5. Vas-tu répondre à la lettre?

____

Exercice 5 - Les prépositions avec les noms géographiques -

La plupart des gens aiment voyager et dire où ils vont.

Exemple: Angleterre
Je vais en Angleterre.

1. Espagne

____

2. Japon

____

3. Afrique

____

4. Toronto

____

5. Brésil

____

6. Manitoba

____

7. Ontario

____

8. Californie

____

9. Madrid

---

10. Mexique

---

11. Nouvelle-Écosse

---

12. Terre-Neuve

Exercice 6 - La préposition *de* pour indiquer la provenance -

Tous les membres d'un groupe en voyage organisé disent aux autres d'où ils viennent.

Quand vous entendez: Montréal
Vous dites: *Je viens de Montréal.*

1. France

---

2. Colombie-Britannique

---

3. Louisiane

---

4. Minnesota

---

5. New York

---

6. États-Unis

---

7. Nouveau-Brunswick

---

8. Chine

____

9. Alberta

____

10. Allemagne

____

Exercice 7 - Les noms de nationalité -

Répondez aux questions selon le modèle.

modèle: Est-il né au Canada?
Oui, il est canadien.

1. Est-il né en Grèce?

____

2. Est-il né en Suisse?

____

3. Est-il né aux États-Unis?

____

4. Est-il né en Russie?

____

5. Est-elle née en Angleterre?

____

6. Est-elle née en France?

____

7. Est-elle née en Italie?

____

8. Est-elle née en Allemagne?

____

EXERCICE DE COMPRÉHENSION AUDITIVE

Écoutez cette histoire incroyable mais vraie.
En vous servant de la cassette, répondez aux questions. Puis, écoutez les réponses correctes.

1. Où le touriste a-t-il pris l'autocar?

____

2. Combien de kilomètres y a-t-il entre Ottawa et Vancouver?

____

3. De quoi est-ce que le touriste a voulu prendre le contrôle?

____

4. Qui a pu garder le contrôle de l'autocar?

____

5. Par où le touriste est-il tombé?

____

DICTÉE

Écoutez la dictée la première fois que vous l'entendez, puis écrivez la dictée pendant les pauses quand vous entendez le texte la deuxième fois. On répète tous les mots deux fois.

____

____

____

____

____

____

____

____

____

____

____

____

____

10
Chapitre dix
Arts et spectacles

EXERCICES DE PRONONCIATION

(À la fin du chapitre 10 dans votre manuel)

EXERCICES DE GRAMMAIRE

Exercice 1 - Les verbes pronominaux -

Répondez aux questions affirmativement selon le modèle.

modèle: Est-ce que tu te reposes?
Oui, je me repose.

1. Est-ce que tu te lèves tôt?

___

2. Est-ce que Paul se couche tard?

___

3. Est-ce que Louise se brosse les dents?

___

4. Est-ce que nous nous reposons le soir?

___

5. Est-ce que vous vous peignez les cheveux?

___

6. Est-ce qu'ils se préparent pour le concert?

___

7. Est-ce qu'elles s'habillent bien?

___

Exercice 2 - Les verbes pronominaux à sens idiomatique -

Répondez aux questions négativement selon le modèle.

modèle: Est-ce que tu t'en vas?
Non, je ne m'en vais pas.

1. Est-ce qu'il s'appelle Jacques?

____

2. Est-ce que vous vous entendez bien?

____

3. Est-ce que tu te rends souvent à Québec?

____

4. Est-ce que les artistes s'attendent à un fiasco?

____

Exercice 3 - Les verbes pronominaux à l'impératif -

Mettez les verbes à l'impératif affirmatif puis négatif à la deuxième personne du singulier selon le modèle.

modèle: s'habiller
Habille-toi. *Ne t'habille pas.*

1. se laver ____________ ____________
2. se servir ____________ ____________
3. se maquiller ____________ ____________
4. s'arrêter ____________ ____________
5. se promener ____________ ____________

Exercice 4 - Les verbes pronominaux à l'infinitif -

Transformez les phrases pour vous servir d'un infinitif et d'un verbe pronominal selon le modèle.

modèle: Elle se lave / vouloir
Elle veut se laver.

1. Je me trouve en classe / devoir

____

2. Nous nous rencontrons à trois heures / devoir

____

3. Alain et Marie se téléphonent / vouloir

____

4. Elle s'inquiète / détester

____

5. Vous vous reposez / espérer

____

6. Tu t'arrêtes / pouvoir

____

Exercice 5 - Place des pronoms objets avant le verbe -

Remplacez les noms objets par des pronoms objets quand vous répétez les phrases selon les modèles.

modèles: Je dis la vérité à mes parents.
Je la leur dis.

Je ne dis pas la vérité à mes parents.
Je ne la leur dis pas.

1. Le chef d'orchestre explique son idée aux musiciens.

____

2. Le chef d'orchestre n'explique pas ses raisons aux musiciens.

____

3. Le peintre vend son tableau au directeur d'un musée.

____

4. Le peintre ne vend pas ses copies de tableaux au directeur d'un musée.

____

5. Le public demande ses chansons préférées à la chanteuse.

____

6. Le public ne demande pas les chansons qu'il n'aime pas à la chanteuse.

____

Remplacez les noms objets par des pronoms objets quand vous répétez les questions selon le modèle.

modèle: Prêtes-tu des vêtements à tes amis?
Leur en prêtes-tu?

7. Empruntes-tu de l'argent à tes amis?

____

8. Donnes-tu des fleurs à ta mère?

____

9. Racontes-tu des mensonges à ta professeure?

____

Remplacez les noms objets par des pronoms objets quand vous répondez aux questions selon le modèle.

modèle: Vas-tu me donner des conseils?
Oui, je vais t'en donner.

10. Vas-tu te servir de ce pinceau?

____

11. Vas-tu te brosser les dents?

____

12. Vas-tu te préparer à l'examen?

____

Remplacez les noms objets par des pronoms objets quand vous répondez aux questions selon le modèle.

modèle: Vous ont-elles vendu leur maison?
Oui, elles nous l'ont vendue.

13. Vous ont-elles raconté leur aventure?

____

14. Vous ont-elles parlé de leur succès?

____

15. Vous ont-elles rendu vos œuvres d'art?

____

Remplacez les noms objets par des pronoms objets quand vous répondez aux questions selon le modèle.

modèle: Vous ont-ils passé leur chien?
Non, ils ne nous l'ont pas passé.

16. Vous ont-ils raconté leur histoire?

___

17. Vous ont-ils parlé de leurs talents?

___

18. Vous ont-ils rendu vos aquarelles?

___

Exercice 6 - *Depuis* + présent de l'indicatif -

Posez la question appropriée avec *depuis quand* ou avec *depuis combien de temps*.

Exemples: Les artistes sont en tournée depuis un an.
Depuis combien de temps les artistes sont-ils en tournée?

Les artistes sont en tournée depuis mille neuf cent quatre-vingt-seize.
Depuis quand les artistes sont-ils en tournée?

1. On projette ce film depuis deux mois.

___

2. On projette ce film depuis septembre.

___

3. Elle regarde le spectacle de variétés depuis dix minutes.

___

4. Elle regarde le spectacle de variétés depuis huit heures et demie.

___

Exercice 7 - Les adverbes -

Répondez aux questions en remplaçant la préposition *avec* suivie d'un nom par un adverbe, selon le modèle.

modèle: Les banquiers prêtent de l'argent avec facilité?
Oui, ils en prêtent facilement.

1. Les acteurs répètent leur rôle avec patience?

____

2. Ta voisine s'habille avec élégance?

____

3. Le chirurgien travaille avec prudence?

____

4. Les étudiants répondent aux questions avec intelligence?

____

EXERCICE DE COMPRÉHENSION AUDITIVE

Écoutez la conversation.

Répétez les phrases qui correspondent aux idées entendues dans l'entrevue.

1. Le chanteur répond à des questions avant sa représentation.
   Le chanteur répond à des questions après sa représentation.

____

2. Un grand public devant soi, ça ne fait pas peur et en même temps c'est amusant.
   Un grand public devant soi, ça fait peur et en même temps c'est encourageant.

____

3. Avoir le trac cela veut dire avoir du succès.
   Avoir le trac cela veut dire avoir peur avant de se présenter au public.

____

4. Quand le public applaudit, le chanteur a envie de quitter la scène.
   Quand le public applaudit, le chanteur est heureux.

____

5. Le chanteur boit beaucoup d'eau pour ne pas avoir facilement mal à la gorge.
   Le chanteur boit beaucoup de vin pour ne pas avoir facilement mal à la gorge.

____

DICTÉE

Écoutez la dictée la première fois que vous l'entendez, puis écrivez la dictée pendant les pauses quand vous entendez le texte la deuxième fois. On répète tous les mots deux fois. Vous apprenez un nouveau signe de ponctuation: *point d'exclamation*. Cela veut dire *exclamation mark*.

11
Chapitre onze
Les jeunes et la vie

EXERCICES DE PRONONCIATION

(À la fin du chapitre 11 dans votre manuel)

EXERCICES DE GRAMMAIRE

Exercice 1 - Le comparatif de l'adjectif -

Répondez aux questions avec un comparatif selon le modèle.

modèle: Est-ce que le soleil est aussi grand que la lune?
Non, le soleil est plus grand que la lune.

1. Est-ce que les études sont aussi fatigantes que les vacances?

____

2. Est-ce qu'un adulte est aussi raisonnable qu'un adolescent?

____

3. Est-ce que l'amour est aussi sage que la guerre?

____

4. Est-ce que les hommes d'affaires sont aussi stricts que tes professeurs?

____

Exercice 2 - *bon* au comparatif -

Répondez aux questions avec le comparatif de supériorité de *bon* selon le modèle.

modèle: Est-ce que ce remède-ci est bon?
Oui, mais ce remède-là est meilleur.

1. Est-ce que cette nourriture-ci est bonne?

____

2. Est-ce que ce gâteau-ci est bon?

____

3. Est-ce que ces tomates-ci sont bonnes?

____

4. Est-ce que ces joueurs-ci sont bons?

____

Exercice 3 - Le comparatif d'infériorité -

Répondez aux questions selon le modèle.

modèle: Est-ce que ce bâtiment-ci est haut? - ce bâtiment-là
Oui, mais il est moins haut que ce bâtiment-là.

1. Est-ce que Philippe est malchanceux? - le mari de Suzanne

____

2. Est-ce que le lac Ontario est grand? - le lac Érié

____

3. Est-ce que les dauphins sont intelligents? - les singes

____

4. Est-ce que les oranges sont nourrissantes? - les bananes

____

Exercice 4 - Le superlatif de l'adjectif -

Répondez aux questions selon le modèle.

modèle: Est-ce que les yeux sont des muscles rapides?
Oui, ce sont les muscles les plus rapides.

1. Est-ce que la natation est un sport complet?

____

2. Est-ce que l'enfance est un moment heureux?

____

3. Est-ce que la pêche est une activité relaxante?

____

4. Est-ce que l'eau est une boisson bon marché?

____

Exercice 5 - Le passé composé des verbes pronominaux -

Mettez le verbe au passé composé affirmatif quand vous reproduisez les phrases selon le modèle.

modèle: Il se rend compte de son erreur.
La semaine dernière, il s'est rendu compte de son erreur.

1. Il se baigne dans le lac.

___

2. Nous nous rendons dans un pays du Tiers-Monde.

___

3. Elle se lève à cinq heures du matin.

___

4. Vous vous promenez dans le parc.

___

Exercice 6 - Le passé composé des verbes pronominaux -

Mettez le verbe au passé composé négatif quand vous répondez aux questions selon le modèle.

modèle: Jacques se rase tous les matins?
Oui, mais hier il ne s'est pas rasé.

1. Suzanne se maquille tous les jours?

___

2. Vous vous téléphonez régulièrement?

___

3. Vous vous reposez parfois?

___

4. Tu t'ennuies quelquefois à une fête?

___

EXERCICE DE COMPRÉHENSION AUDITIVE

Prenez votre cahier de laboratoire pour répondre aux questions. Écoutez les deux personnes parler sur la cassette, et choisissez la réponse correcte à chaque question. Ensuite, vérifiez vos réponses en utilisant la cassette.

1. Qu'est-ce que certains parents croient au sujet de leurs enfants?

a. Ils croient qu'ils étudient trop longtemps.
b. Ils croient qu'ils savent quelle profession choisir.
c. Ils croient que tout le monde peut devenir ingénieur ou informaticien.

2. Pourquoi des jeunes ont-ils besoin d'argent?

a. Ils n'en ont pas besoin parce que leurs parents leur en donnent.
b. Ils en ont besoin pour payer leur chambre, leurs études et la nourriture.
c. Ils en ont besoin pour pouvoir sortir avec des amis.

3. Quand arrive-t-on à une vraie indépendance?

a. On y arrive quand on étudie.
b. On y arrive quand on accepte un petit travail mal payé.
c. On y arrive quand on a son diplôme en main.

4. Que veut dire "métro, boulot, dodo"?

a. C'est une référence à la situation du travailleur qui prend le métro pour aller travailler et rentre le soir pour aller au lit.
b. On parle des personnes qui prennent le métro, vont jouer aux boules et rentrent chez elles le soir.
c. C'est une référence à une vie intéressante.

5. Qu'est-ce que les jeunes pensent de l'âge de vingt ans?

a. Ils pensent que c'est l'âge le plus difficile.
b. Ils pensent que c'est le plus bel âge.
c. Ils pensent que c'est l'âge le plus ennuyeux.

DICTÉE

12
Chapitre douze
Bon appétit

EXERCICES DE PRONONCIATION

(À la fin du chapitre 12 dans votre manuel)

EXERCICE DE VOCABULAIRE

- Vous êtes au restaurant avec des amis –

Répondez vous-même au serveur ou à la serveuse, puis écoutez la réponse proposée sur la cassette et répétez cette réponse.

Serveur: Voilà le menu.

____

Serveur: Êtes-vous prêts à commander?

____

____

Serveur: La brochette, saignante, rosée ou bien cuite?

____

Serveur: Vous avez choisi le vin?

____

Serveur: Comme dessert, nous avons une mousse au sirop d'érable.

____

Serveur: Très bien, bon appétit.

Un peu plus tard: Est-ce que vous aimez votre plat?

____

Serveur: Voici l'addition.

____

EXERCICES DE GRAMMAIRE

Exercice 1 - Emploi de l'imparfait pour indiquer des actions continues dans le passé -

Répétez les phrases en remplaçant *aujourd'hui* par *samedi dernier* selon le modèle.

modèle: Aujourd'hui, je fais mes devoirs.
Samedi dernier, je faisais mes devoirs.

1. Aujourd'hui, nous travaillons à la bibliothèque.

____

2. Aujourd'hui, Sylvie regarde la télévision.

____

3. Aujourd'hui, vous écrivez des lettres.

____

4. Aujourd'hui, tu cuisines un bon petit plat.

____

Exercice 2 - Emploi de l'imparfait pour indiquer des habitudes dans le passé -

Répondez aux questions selon le modèle.

modèle: Est-ce que ta famille se réunit encore à Noël?
Non, mais autrefois elle se réunissait à Noël.

1. Est-ce que tu congèles encore des biscuits?

____

2. Est-ce que vous faites encore du patinage?

____

3. Est-ce qu'elle joue encore du piano?

____

4. Est-ce que cet auteur écrit encore des pièces de théâtre?

____

Exercice 3 - Emploi de l'imparfait pour encore indiquer des habitudes dans le passé -

Répondez aux questions selon le modèle.

modèle: Comment prépariez-vous les pommes pour faire un gâteau?
- peler et trancher les pommes.
Nous pelions et tranchions souvent les pommes.

1. Que faisais-tu à quinze ans quand tu t'ennuyais? - écouter de la musique

____

2. Que faisiez-vous quand il neigeait? - skier

____

3. Qu'est-ce que ta mère faisait avec les oignons quand ils vieillissaient? - faire de la soupe

____

4. Que faisaient tes parents quand ils étaient jeunes? - aller ensemble au théâtre

____

Exercice 4 - Emploi de l'imparfait pour indiquer une description de la situation -

Répondez aux questions selon le modèle.

modèle: Pourquoi chantait-elle? - être joyeuse
Elle chantait parce qu'elle était joyeuse.

1. Pourquoi voulais-tu quitter l'université? - perdre courage

____

2. Pourquoi étiez-vous musclé(e)? - faire du sport

____

3. Pourquoi voulaient-ils commander un bateau? - avoir envie d'un bateau

____

4. Pourquoi portais-tu un manteau? - faire froid

____

Exercice 5 - Le pronom interrogatif *lequel*-

La nourriture peut être préparée de plusieurs façons. Vous demandez à votre ami(e) de choisir selon ses goûts. Employez le pronom interrogatif *lequel* selon le modèle.

modèle: Il y a de la soupe aux carottes ou aux tomates.
Laquelle préfères-tu?

1. Il y a de la viande de porc, de bœuf ou d'agneau.

____

2. Il y a une omelette au fromage, au jambon ou nature.

____

3. Il y a du jus de pêche, de framboises ou de tomate.

____

4. Il y a des sandwiches au saumon, au crabe ou au beurre d'arachide.

____

Exercice 6 - Le pronom interrogatif *lequel* employé avec une préposition -

On vous dit quelque chose, mais c'est toujours un peu vague. Vous voulez connaître plus de détails. Employez le pronom interrogatif *lequel*.

modèle: Je suis sorti(e) avec un ami.
Avec lequel es-tu sorti(e)?

1. J'ai téléphoné à une agence.

____

2. Je m'attends à un résultat.

____

3. Je me sers d'un emballage spécial.

____

4. Je me suis rendu compte d'une erreur.

____

EXERCICE DE COMPRÉHENSION AUDITIVE

Écoutez le paragraphe qui suit, et répondez ensuite oralement aux questions ci-dessous. Vérifiez vos réponses sur la cassette.

Voici de nouveaux mots:
gras **veut dire** ***fat, rich***
graisse de lard **veut dire** ***bacon fat***
haricot **veut dire** ***bean***
yeux de graisse **veut dire** ***fat rings***

1. Quelles recettes sont maintenant à la mode?

____

2. Quand servait-on du pain frit dans de la graisse de lard?

____

3. Que comprenait un dîner?

____

4. Pourquoi est-ce que la viande n'était pas uniformément rouge?

____

5. Comment explique-t-on qu'il y avait moins de personnes obèses?

____

DICTÉE

13
Chapitre treize
La famille

EXERCICES DE PRONONCIATION

(À la fin du chapitre 13 dans votre manuel)

EXERCICES DE GRAMMAIRE

Exercice 1 - Emploi de l'imparfait pour décrire le contexte de la situation et emploi du passé composé pour marquer le changement dans la situation -

Mettez les phrases au passé selon le modèle.

modèle: Alain dort. Sa femme rentre du travail
Alain dormait quand sa femme est rentrée du travail.

1. Mon cousin habite Vancouver. Il rencontre sa future femme.

____

2. Ma tante a trente-deux ans. Elle accouche d'un premier bébé.

____

3. Mes voisins vivent en concubinage depuis trois ans. Ils décident de se marier.

____

4. Mon beau-frère est en voyage de noces. Il tombe malade.

____

5. Ses parents sont mariés depuis vingt ans. Ils divorcent.

____

6. Je lis le journal. Tu me téléphones.

____

Exercice 2 - Emploi du passé composé quand on spécifie le nombre de fois qu'une action est répétée -

Répondez aux questions au passé composé en utilisant les mots "seulement deux fois" selon le modèle.

modèle: Jouais-tu souvent aux échecs?
Non, j'ai joué aux échecs seulement deux fois.

1. Allais-tu souvent à l'église?

____

2. Faisais-tu souvent du ski?

____

3. Tes parents te punissaient-ils souvent?

____

4. Avais-tu souvent la grippe?

____

5. Sortais-tu souvent avec Hélène?

____

6. Se rencontraient-ils souvent?

____

7. Prenais-tu souvent l'avion?

____

8. Mentais-tu souvent à tes parents?

____

Exercice 3 - Les pronoms démonstratifs -

Répondez aux questions avec *celui-ci, celui-là, celle-ci, celle-là, ceux-ci, ceux-là, celles-ci* ou *celles-là* selon le modèle.

modèle: Peux-tu me donner ce faire-part?
Celui-ci ou celui-là?

1. Apporte ce cadeau.

____

2. Regardez ces meubles dans le magasin.

____

3. Je veux acheter cette bague de fiançailles.

____

4. Est-ce que tu connais ces étudiantes?

____

Exercice 4 - Les pronoms démonstratifs -

Répondez aux questions avec *celui de*, *celle de*, *ceux de* ou *celles de* selon le modèle.

modèle: Est-ce que c'est ta voiture? - mes parents
Non, c'est celle de mes parents.

1. Est-ce que c'est ton traîneau? - ma sœur

____

2. Est-ce que ce sont tes recettes? - ma mère

____

3. Est-ce que c'est ton opinion? - mon père

____

4. Est-ce que ce sont tes stylos? - mon frère

____

5. Est-ce que c'est ta cousine? - Paul

____

Exercice 5 - Les pronoms démonstratifs -

Répondez aux questions avec *celui que*, *celle que*, *ceux que* ou *celles que* selon le modèle.

modèle: Préfères-tu cette robe-ci?
Oui, c'est celle que je préfère.

1. Veux-tu acheter ces cravates?

____

2. As-tu choisi ce cours?

____

3. Est-ce que tu vas apporter ce tourne-disque?

____

4. Est-ce que tu vas jeter ces vêtements?

____

5. Est-ce que tu admires cet acteur?

____

Exercice 6 - Le comparatif des adverbes -

Répondez aux questions selon le modèle.

modèle: Est-ce que ta sœur parle français aussi couramment que toi?
Non, elle le parle plus couramment que moi.

1. Est-ce que ta grand-mère est aussi souvent malade que ton grand-père?

____

2. Est-ce que ta nièce réussit aussi bien à l'école que ton neveu?

____

3. Est-ce que ta tante t'écrit aussi souvent que ton oncle?

____

4. Est-ce que ton frère chante aussi bien que ton père?

____

5. Est-ce que les chats vivent aussi longtemps que les chiens?

____

6. Est-ce qu'on apprend le français aussi facilement que le chinois?

____

EXERCICE DE COMPRÉHENSION AUDITIVE

Écoutez cette conversation, et répondez ensuite aux questions oralement. Vérifiez vos réponses sur la cassette.

1. Pourquoi dit-on que les gens heureux n'ont pas d'histoire?

____

2. La mère s'est-elle sentie seule pour élever les enfants?

____

3. Comment voit-on encore la famille idéale?

___

4. Vivre en concubinage est-il vraiment la meilleure préparation au mariage?

___

5. Comment prépare-t-on un mariage réussi selon une des personnes?

___

DICTÉE - Paul parle. -

___

___

___

___

___

___

___

___

___

___

___

___

___

14
Chapitre quatorze
L'Acadie et la mer

EXERCICES DE PRONONCIATION

(À la fin du chapitre 14 dans votre manuel)

EXERCICE DE VOCABULAIRE

Quel est l'intrus dans les groupes de mots suivants? Écoutez la réponse expliquée sur la cassette.

1. anse, baie, bateau, port

___

2. homard, mouette, pétoncle, sable

___

3. aboiteau, berge, côte, digue

___

EXERCICES DE GRAMMAIRE

Exercice 1 - Le futur -

Qu'as-tu l'intention de faire? - Vous allez partir en Acadie. Quelqu'un vous pose beaucoup de questions. Vous y répondez avec un verbe au futur.

Exemple: As-tu l'intention d'aller en Acadie?
Oui, j'irai en Acadie.

1. As-tu l'intention de te rendre au Nouveau-Brunswick?

___

2. As-tu l'intention de prendre ta voiture?

___

3. As-tu l'intention de t'arrêter à Moncton?

___

4. As-tu l'intention de couper le moteur sur la côte magnétique?

___

5. Vas-tu avoir l'impression que ta voiture monte la côte?

____

6. En réalité va-t-elle descendre la côte?

____

Exercice 2 - Le futur avec *quand, dès que, tant que* -

On vous pose d'autres questions au sujet de ce voyage. Vous y répondez au futur avec les mots proposés.

modèle: Que mangeras-tu quand tu seras à l'Île-du-Prince-Édouard? - des homards
Je mangerai des homards quand je serai à l'Île-du-Prince-Édouard.

1. Dans quelle direction partiras-tu dès que tu quitteras Moncton. - vers la mer

____

2. Où te promèneras-tu quand que tu verras une rivière?
- sur les berges

____

3. Que feras-tu tant que tu te trouveras sur la plage?
- du surf sur les vagues

____

4. Où te coucheras-tu aussitôt que tu sentiras la fatigue?
- sur le sable

____

5. Quelle langue parleras-tu aussi longtemps que tu voyageras en Acadie? - français

____

Exercice 3 - *Quelqu'un, personne, quelque chose, rien* -

Encore des questions. Répondez-y à la forme négative.

modèle: As-tu quelque chose à me demander?
Non, je n'ai rien à te demander.

1. Me rapporteras-tu quelque chose?

____

2. Quelque chose te manquera?

____

3. Quelqu'un te manquera?

____

4. Feras-tu quelque chose d'ennuyeux?

____

5. Rencontreras-tu quelqu'un de dangereux?

____

6. As-tu acheté quelque chose de cher avant le départ?

____

7. As-tu choisi quelqu'un à emmener?

____

Exercice 4 - Les pronoms objets et l'impératif affirmatif -

Remplacez les noms objets par *le lui*, *la lui*, *le leur* ou *la leur* selon le modèle.

modèle: Donne le livre à Paul.
Donne-le-lui.

1. Rends la serviette à ton frère.

____

2. Vends ta voiture à tes voisins.

____

3. Rends le crayon à ta sœur.

____

4. Prête ton livre à tes camarades.

____

Remplacez les noms objets par les pronoms *lui en* ou *leur en*.

5. Donne de l'argent à ce pauvre homme.

____

6. Sers du vin aux invités.

---

7. Sers des sandwichs à Hélène.

---

8. Emprunte de l'argent à tes parents.

Exercice 5 - Les pronoms objets et l'impératif affirmatif et négatif -

Remplacez le nom objet par un des pronoms *le*, *la* ou *les*. Écrivez la phrase à la forme affirmative puis à la forme négative selon le modèle.

modèle: Prête-moi ton stylo.
Prête-le-moi. Ne me le prête pas.

1. Donne-moi tes livres.

---

2. Raconte-moi tes problèmes.

---

3. Apporte-moi ta composition.

---

4. Amène-moi ton cousin.

---

5. Rends-moi mes livres.

Exercice 6 - Le pronom relatif *dont* -

Répondez aux questions avec un des pronoms démonstratifs *celui*, *ceux*, *celle* ou *celles* et le pronom relatif *dont* selon le modèle.

modèle: Est-ce que tu as besoin de cet outil?
Oui, c'est celui dont j'ai besoin.

1. Est-ce que tu as besoin de ces livres?

---

2. Est-ce que tu as envie de ce gâteau?

___

3. Est-ce que tu as peur de cette femme?

___

4. Est-ce que tu lui as parlé de ce film?

___

5. Est-ce que tu joues de tous ces instruments?

___

EXERCICE DE COMPRÉHENSION AUDITIVE

Écoutez cette conversation sur l'histoire de l'Acadie.

Répétez les phrases qui relatent la vérité. Comparez vos réponses avec celles que vous allez entendre sur la cassette.

1. Les Acadiens sont des colons français qui se sont installés en Acadie.
   Les Acadiens sont des colons anglais qui se sont installés en Acadie.

___

2. Le roi Georges II d'Angleterre a donné l'ordre de déporter les Acadiens.
   Charles Lawrence, gouverneur de l'Acadie, a ordonné la déportation des Acadiens.

___

3. Les Acadiens vivaient sur les meilleures terres cultivables et le long des côtes où la pêche était bonne.
   Les Acadiens étaient de pauvres pionniers.

___

DICTÉE

15
Chapitre quinze
Une auteure francophone

EXERCICES DE PRONONCIATION

(À la fin du chapitre 15 dans votre manuel)

EXERCICES DE GRAMMAIRE

Exercice 1 -Le conditionnel présent pour exprimer une hypothèse-

Vous entendez par exemple:

Les auteurs ont besoin d'un esprit d'observation pour écrire des histoires réalistes.

Vous répondez:

Sans esprit d'observation, les auteurs n'écriraient pas d'histoires réalistes.

1. Un écrivain doit avoir beaucoup d'imagination pour pouvoir écrire.

____

2. Une maison d'édition choisit les œuvres avec bon sens pour prendre de bonnes décisions.

____

3. Les vedettes ont du talent pour réussir dans la vie.

____

Exercice 2 - Le conditionnel présent pour exprimer un souhait poliment -

Un romancier se présente chez un éditeur.
Changez les phrases que vous entendez en phrases plus polies.

Modèle: Je veux parler à l'éditeur.
Je voudrais parler à l'éditeur.

1. Pouvez-vous me dire si vous aimez mon roman?

____

2. Avez-vous le temps de lire mon manuscrit ces jours-ci?

____

3. J'aime connaître votre opinion.

____

Exercice 3 - Le conditionnel présent pour rapporter les paroles de quelqu'un -

Répétez les nouvelles que vous avez entendues à la radio selon le modèle.

modèle: Il fera froid demain.
On a annoncé qu'il ferait froid demain.

1. Le beau temps reviendra la semaine prochaine.

___

2. Le premier ministre recevra des artistes dans quelques jours.

___

3. On devra augmenter les taxes.

___

Exercice 4 - Le conditionnel présent pour indiquer les conséquences d'une situation hypothétique -

Répondez aux questions selon le modèle.

modèle: Que ferais-tu si tu étais poète? - publier des poèmes
Si j'étais poète, je publierais des poèmes.

1. Que ferais-tu si l'intrigue d'un roman t'ennuyait? - fermer le livre

___

2. Que ferais-tu si tu devais écrire des rimes? - acheter un dictionnaire de rimes

___

3. Que ferais-tu si un journaliste te posait des questions sur ton œuvre? - lui répondre avec plaisir

___

4. Que ferais-tu si tu écrivais des nouvelles que tes amis aiment? - les envoyer à un éditeur

___

Exercice 5 - La phrase conditionnelle -

Demandez à votre ami(e) si ce que vous faites l'ennuie.

Par exemple, quand vous prenez son porte-monnaie,
vous lui demandez: *Cela t'ennuie si je prends ton porte-monnaie?*

1. Vous allez dormir dans son lit.

____

2. Vous mangez sa dernière pomme.

____

3. Vous écrivez dans ses bouquins.

____

Maintenant votre ami(e) vous demande:

Que feras-tu si je ne te prête pas mon porte-monnaie? Chercheras-tu le tien?

Vous répondez:

Oui, si tu ne me prêtes pas ton porte-monnaie, je chercherai le mien.

4. Que feras-tu si tu ne peux pas dormir dans mon lit? Feras-tu ton lit?

____

5. Que feras-tu si tu ne manges pas ma dernière pomme? Prendras-tu la tienne?

____

6. Que feras-tu si tu n'écris pas dans mes bouquins? Noteras-tu des idées dans les tiens?

____

Exercice 6 - Le verbe *devoir* -

Quelle est votre réaction aux idées qui suivent? Employez le verbe *devoir* au passé composé ou au conditionnel présent dans votre réponse.

Modèle: Le libraire n'est pas dans sa librairie. - partir
Il a dû partir.

1. Les étudiants ont un examen demain. - étudier

____

2. Je ne trouve pas mon manuel. - le perdre

____

3. Elles ont obtenu de bonnes notes pour leurs devoirs. - beaucoup travailler

____

4. Vous êtes devenus trop gros. - maigrir

____

Exercice 7 - Les pronoms possessifs -

Répondez aux questions selon le modèle.

modèle: Est-ce que cette voiture est à Paul?
Oui, c'est la sienne.

1. Est-ce que ce livre est à toi?

____

2. Est-ce que cette maison est à tes parents?

____

3. Est-ce que ce chien est à Suzanne?

____

4. Est-ce que ces disques sont à toi?

____

5. Est-ce que ces skis sont à vous?

____

6. Est-ce que cette cravate est à toi?

____

7. Est-ce que ces crayons sont à Hélène?

____

8. Est-ce que ces photos sont à tes amis?

____

9. Est-ce que cet ordinateur est à vous?

____

EXERCICE DE COMPRÉHENSION AUDITIVE

Écoutez ces informations sur le poète québécois Émile Nelligan.
Répondez aux questions suivantes:

1. Émile Nelligan a-t-il eu une vie heureuse? Pourquoi?

____

____

2. A-t-il suivi les conseils de son père?

____

____

3. À quel âge a-t-il écrit son œuvre poétique?

____

DICTÉE

Vous entendrez un nouveau signe de ponctuation. Il s'agit du "point-virgule" qui veut dire "semicolon".

____

____

____

____

____

____

____

____

____

____

____

____

____

16
Chapitre seize
Les nouvelles technologies

EXERCICES DE PRONONCIATION

(À la fin du chapitre 16 dans votre manuel)

EXERCICES DE GRAMMAIRE

Exercice 1 - Le conditionnel passé -

Mettez les verbes au conditionnel passé selon le modèle.

modèle: Nous arrivons.
Nous serions arrivés.

1. J'attends. ______________________________
2. Je comprends. ______________________________
3. Suzanne se promène. ______________________________
4. Vous obéissez. ______________________________
5. Les enfants dorment. ______________________________
6. Il vient. ______________________________

Exercice 2 - Le plus-que-parfait -

Mettez les verbes au plus-que-parfait selon le modèle.

modèle: Je mange.
J'avais mangé.

1. Pierre se rase. ______________________________
2. Les feuilles jaunissent. ______________________________
3. Elles écrivent. ______________________________
4. Il boit. ______________________________
5. Vous partez. ______________________________
6. Paul rentre. ______________________________

Exercice 3 - Le conditionnel passé pour exprimer les conséquences d'une situation hypothétique dans le passé -

Que serait-il arrivé dans des circonstances différentes?

Exemple: Je n'ai pas suivi de cours d'informatique. Je n'ai pas trouvé un emploi facilement.
Si j'avais suivi un cours d'informatique, j'aurais trouvé un emploi facilement.

1. Je n'ai pas acheté d'imprimante. Je n'ai pas pu imprimer mon devoir.

____

2. Il n'a pas sauvegardé son travail. Il l'a perdu.

____

3. Un virus a effacé son disque dur. Paul a eu beaucoup de travail.

____

4. Nous n'avons pas demandé d'aide. Nous avons nagé dans les difficultés.

____

5. Tu as sélectionné une partie du document. Tu n'as pas imprimé tout le document.

____

Exercice 4 - L' adjectif indéfini *chaque* -

Remplacez *tous les* et *toutes les* par *chaque* selon le modèle.

modèle: Elle passe toutes les soirées devant son écran d'ordinateur.
Elle passe chaque soirée devant son écran d'ordinateur.

1. Nous lisons tous les messages attentivement.

____

2. Toutes les disquettes doivent être formatées.

____

3. Il a enregistré tous les fichiers sur disquette.

____

Exercice 5 - L' adjectif indéfini *aucun* -

Dites le contraire des phrases que vous entendez.

modèle: Il a raté tous les examens.
Il n'a raté aucun examen.

1. Les étudiants reçoivent toutes les notes assez vite.

____

2. Tous les informaticiens sont malhonnêtes.

____

3. Toutes les images se sont imprimées.

____

Exercice 6 - Verbes suivis de *à* ou *de* + infinitif -

Complétez les propositions suivantes avec la phrase *utiliser ce logiciel* et la préposition appropriée, selon le modèle.

modèle: Il a cessé
Il a cessé d'utiliser ce logiciel.

1. Il a essayé _______________________________
2. Elle a fini _______________________________
3. Nous avons oublié _______________________________
4. Vous avez refusé _______________________________
5. Ils ont appris _______________________________
6. Elles ont commencé _______________________________
7. J'ai continué _______________________________
8. Tu as hésité _______________________________
9. Nous avons réussi _______________________________
10. Vous vous êtes mis _______________________________

EXERCICE DE COMPRÉHENSION AUDITIVE

Chaque citoyen n'est pas branché à un réseau informatique comme Internet. Pourtant personne ne peut ignorer le phénomène. Écoutez la conversation qui suit.

Répondez aux questions suivantes:

1. Quel est le danger de passer trop de temps sur l'autoroute électronique?

___

2. En quoi la messagerie électronique est-elle vraiment pratique?

___

3. Pourquoi hésite-t-on encore à faire des transactions dans le cyberespace?

___

4. Quel pourcentage des communications se fait en anglais?

___

5. Que pourra-t-on contrôler un jour par l'autoroute électronique?

___

DICTÉE

___

___

___

___

___

___

___

___

___

___

___

___

17
Chapitre dix-sept
L'environnement

EXERCICES DE PRONONCIATION

(À la fin du chapitre 17 dans votre manuel)

EXERCICES DE GRAMMAIRE

Exercice 1 - Le futur antérieur -

Soyons optimistes. Si nous ne voulons pas épuiser la terre, il faudra changer d'attitude. D'ici dix ans, nous aurons changé d'attitude. Dites donc ce qui aura changé d'ici dix ans selon le modèle.

modèle: Il faudra diminuer les déchets toxiques.
D'ici dix ans, on aura diminué les déchets toxiques.

1. Il faudra nettoyer les rivières.

____

2. Il faudra dépolluer les berges.

____

3. Il faudra planter des arbres.

____

4. Il faudra bâtir des bateaux plus solides.

____

5. Il faudra développer les transports en commun.

____

Exercice 2 - Le participe présent -

Répondez aux questions en utilisant le participe présent selon le modèle.

modèle: Comment va-t-on rejeter moins de gaz polluant dans l'air? - prendre le métro
En prenant le métro.

1. Comment va-t-on réduire l'effet de serre? - laisser sa voiture dans le garage

____

2. Comment va-t-on arriver au bureau? - faire du covoiturage

___

3. Comment va-t-on augmenter la qualité du sol? - y mettre les déchets de légumes

___

4. Comment va-t-on moins arroser les jardins? - les couvrir d'une couche de compost

___

5. Comment va-t-on sauvegarder le règne animal? - écouter les écologistes

___

Exercice 3 - La négation -

Répondez aux questions par une phrase négative. Employez aussi un pronom si possible.

Utilisez *ne ... jamais*.

1. Est-ce que tu chasses souvent le caribou?

___

2. Est-ce que tu as déjà vu une marée noire?

___

3. Est-ce que d'autres étudiants t'ont parfois menacé(e)?

___

Utilisez *ne ... pas encore*.

4. As-tu déjà planté des arbres?

___

5. As-tu déjà écrit un article sur l'environnement?

___

6. A-t-on déjà éliminé les pluies acides?

___

Utilisez *ne ... plus*.

7. Est-ce que l'air est encore pur?

____

8. Est-ce que les dinosaures vivent encore?

____

9. Est-ce qu'on trouve encore des dodos?

____

Utilisez *ne ... nulle part*.

10. Voit-on une révolution environnementale quelque part?

____

11. Gardes-tu du poison quelque part?

____

12. Gardes-tu des produits nocifs partout?

____

Utilisez *ne ... ni ... ni*.

13. Est-ce que tu es stupide et désagréable?

____

14. Est-ce que tu as de l'énergie et des idées à trois heures du matin?

____

15. Est-ce que tu te souviens de tes premiers pas et de tes premiers mots?

____

Exercice 4 – *ne ... que* (la restriction) -

Répondez aux questions avec les mots proposés en employant *ne ... que* et le pronom *en* selon le

modèle: Tu as reçu deux cadeaux d'anniversaire? - un
Non, je n'en ai reçu qu'un.

1. Tu as obtenu deux diplômes? - un

____

2. Cet appartement contient quatre chambres? - trois

____

3. Tu devais rendre trois compositions? - une

____

4. Tu suis six cours cette année? - cinq

____

5. Tu manges des frites tous les jours? - le mercredi

____

EXERCICE DE COMPRÉHENSION AUDITIVE

Écoutez le dialogue qui suit, puis répondez aux questions oralement. Vérifiez vos réponses sur la cassette.

Voici de nouveaux mots:
le *Saguenay* au Québec;
***une baleine* veut dire *a whale*;**
***les animaux marins* veut dire *sea animals*;**
***déranger* veut dire *to disturb*;**
***un moteur de recherche* veut dire *a search engine*.**

Répondez aux questions suivantes:

1. Qu'est-ce que l'écotourisme?

____

2. Où peut-on admirer des animaux marins au Canada?

____

3. Comment s'approche-t-on des animaux sans détruire leur milieu naturel?

____

4. Ne voit-on que des animaux marins au Saguenay?

____

DICTÉE

18
Chapitre dix-huit
Les Cajuns de la Louisane

EXERCICES DE PRONONCIATION

(À la fin du chapitre 18 dans votre manuel)

EXERCICES DE GRAMMAIRE

Exercice 1 - Le subjonctif présent -

Qu'est-ce que ces personnes demandent aux autres de faire? Faites une seule phrase avec les deux qui vous sont proposées selon le modèle.

modèle: Nous quittons le parc au crépuscule. Mon père le veut.
Mon père veut que nous quittions le parc au crépuscule.

1. Vous rendez compte de la réunion. Votre directeur l'exige.

___

2. Tu réagis. Je le préfère.

___

3. Vous vous reposez. Le médecin le souhaite.

___

4. Nous nous retrouvons une fois par mois. Nos parents le désirent.

___

Exercice 2 - Le subjonctif présent -

Que pensons-nous les uns des autres? Faites une seule phrase avec les deux qui vous sont proposées selon le modèle.

modèle: Vous ne chantez pas juste. Je le regrette.
Je regrette que vous ne chantiez pas juste.

1. Je vends mes chaussettes. Mes amis en sont étonnés.

___

2. Nous lui apportons un appareil électrique. Suzanne en est heureuse.

___

3. Je réussis à le battre aux échecs. Il en doute.

____

4. Vous ne digérez pas les crustacés. J'en suis désolé(e).

____

Exercice 3 - Le subjonctif présent -

Employez le subjonctif présent au lieu de l'impératif présent pour faire vos recommandations.

Modèle: Respectons les croyances de tout le monde.
Il faut que nous respections les croyances de tout le monde.

1. Retrouvez cette recette de jambalaya.

____

2. Regardons la course de chevaux.

____

3. Réunis tous tes amis pour la fête.

____

Modèle: N'énervez pas le moniteur.
Il ne faut pas que vous énerviez le moniteur.

4. Ne vous levez pas à l'aube.

____

5. N'attrapons pas ce raton laveur.

____

6. N'irrite pas tes enfants.

____

Exercice 4 - Les verbes d'opinion -

Une personne vous dit de quoi elle est certaine. Vous en doutez. Employez le subjonctif .

Modèle: Je suis sûr(e) qu'il viendra.
Je ne suis pas sûr(e) qu'il vienne.

1. Je suis certaine qu'elles gagneront le concours.

____

2. Je pense que nous nous habituerons à ce mode de vie.

____

3. Je pense que les rats musqués disparaîtront.

____

4. Je crois qu'on nous répondra.

____

Exercice 5 - Les pronoms relatifs sans antécédent -

Répondez aux questions avec *ce qui, ce que* ou *ce dont.*

Modèle: Qu'est-ce qui inquiète Julie? Je ne le comprends pas.
Moi non plus, je ne comprends pas ce qui inquiète Julie.

1. Que signifie le mot "Cajun"? Je ne le sais pas.

____

2. Qu'est-ce qui donne du courage aux pompiers? Je ne le comprends pas.

____

3. Qu'est-ce qui fait ce bruit dans les marais? Je ne le sais pas.

____

4. De quoi se souvient-elle après l'incendie? Je ne le sais pas.

____

Exercice 6 - Les pronoms relatifs avec antécédent et précédé d'une préposition -

Répondez aux questions selon le modèle.

modèle: Va-t-il se marier avec cette jeune fille?
Oui, c'est la jeune fille avec qui il va se marier.

1. As-tu parlé à ce trappeur?

____

2. Habites-tu près de ce lac?

____

3. Prépares-tu beaucoup de plats avec ce riz?

____

4. As-tu appartenu à cette troupe?

---

5. Joues-tu au tennis avec ce jeune homme?

Exercice 7 - Le pronom relatif *quoi* sans antécédent et précédé d'une préposition -

Faites une seule phrase avec les deux qui vous sont proposées selon le modèle.

modèle: À quoi penses-tu? Dis-le-moi.
Dis-moi à quoi tu penses.

1. À quoi tient-il? Écris-le-moi.

---

2. Contre quoi se bat-elle? Explique-le-moi.

---

3. À côté de quoi se trouve-t-on? Dis-le-moi.

EXERCICE DE COMPRÉHENSION AUDITIVE

Écoutez le dialogue qui suit.

Répondez aux questions suivantes oralement, et vérifiez vos réponses sur la cassette.

1. D'où vient le mot "cajun"?

---

2. Pourquoi parlait-on français en Louisiane?

---

3. D'où vient le nom "Louisiane"?

---

4. Comment et quand est-ce que la Louisiane est devenue un état américain?

---

5. Quelles coutumes typiquement françaises est-ce que les Cajuns ont gardées?

DICTÉE

19
Chapitre dix-neuf
Les autochtones

EXERCICES DE PRONONCIATION

(À la fin du chapitre 19 dans votre manuel)

EXERCICES DE GRAMMAIRE

Exercice 1 - Le subjonctif présent des verbes irréguliers -

Répondez aux questions en commençant vos phrases par "Je ne crois pas que" selon le modèle.

modèle: Est-ce qu'on peut avoir mal aux cheveux?
Je ne crois pas qu'on puisse avoir mal aux cheveux.

1. Les gens qui réussissent ont-ils seulement de la chance?

____

2. Avons-nous tort de partir?

____

3. Est-ce que les professeurs sont impatients?

____

4. Est-elle fière de son attitude?

____

5. Fait-il de bonnes affaires?

____

6. Font-elles du lèche-vitrine le vendredi soir?

____

7. Savez-vous vivre dans la forêt?

____

8. Sait-on apprendre une langue facilement?

____

Exercice 2 - Le subjonctif présent des verbes irréguliers -

Donnez votre opinion sur l'idée énoncée par d'autres personnes en commençant vos phrases par "Nous sommes désolés que" selon le modèle.

modèle: Nous ne recevons pas beaucoup de lettres.
Nous sommes désolés que vous ne receviez pas beaucoup de lettres.

1. Je ne vais pas en France.

___

2. Je ne veux pas dire la vérité.

___

3. Il boit trop de bière.

___

4. Nous ne buvons pas assez de lait.

___

5. Nous devons vous quitter bientôt.

___

Commencez maintenant vos phrases par "Nous sommes surpris que"

6. Elle prend du poids à cause de ses médicaments.

___

7. Je ne reçois pas de bonnes notes.

___

8. Nous ne viendrons pas l'été prochain.

___

9. Je ne viendrai pas vous aider.

___

10. Ils ne se verront plus.

___

Exercice 3 - Les voix passive et active -

Dans les phrases suivantes, remplacez la voix passive du verbe par la voix active selon le modèle.

modèle: Il faut que les Amérindiens soient écoutés par les Canadiens.
Il faut que les Canadiens écoutent les Amérindiens.

1. De nouveaux traités sont signés par les Amérindiens.

____

2. L'Amérique était habitée par les Indiens.

____

3. Leurs droits seront respectés par les Canadiens.

____

4. Justice serait ainsi obtenue par les Amérindiens.

____

Remplacez la voix passive du verbe par la voix active et employez le pronom indéfini "on" comme sujet.

modèle: Les droits de ce peuple sont maintenant respectés.
On respecte maintenant les droits de ce peuple.

5. Les autochtones ont été humiliés.

____

6. Les conditions de vie doivent être respectées.

____

7. Les leçons du passé auront été apprises.

____

Remplacez le verbe à la voix passive par un verbe pronominal selon le modèle.

modèle: Les erreurs du passé peuvent parfois être corrigées.
Les erreurs du passé peuvent parfois se corriger.

8. Un bienfait n'est pas oublié.

____

9. Les peuples sont déplacés en temps de guerre.

____

10. La vérité finit toujours par être sue.

____

MONTREZ VOS CONNAISSANCES

Vous avez lu le texte d'Yves Thériault "Le rêve d'Ashini". Qu'avez-vous ainsi appris au sujet des autochtones? Qu'apprenez-vous aussi en écoutant les nouvelles? Répondez aux questions suivantes, puis écoutez les réponses proposées sur la cassette.

1. De quoi est-ce que les Amérindiens ne sont pas contents?

____

2. Les autochtones sont-ils menés par un président ou par un premier ministre?

____

3. De quoi vivent les Amérindiens?

____

4. Qu'est-ce qu'ils chassent?

____

5. Nommez du "gibier de rivière".

____

6. Qu'est-ce que les premières nations veulent reprendre?

____

7. Quel droit veulent-elles retrouver?

____

8. Comment vont-elles atteindre leurs objectifs?

____

9. Quels seraient les bienfaits de l'autodétermination?

____

10. Quelles plantes de la forêt est-ce que les Amérindiens utilisent?

____

____

11. Est-ce que les membres des tribus amérindiennes sont fiers?

DICTÉE

20
Chapitre vingt
L'emploi

EXERCICES DE PRONONCIATION

(À la fin du chapitre 20 dans votre manuel)

EXERCICE DE VOCABULAIRE

- Cherchez l'intrus - Vous allez entendre des groupes de quatre mots dont trois ont un rapport entre eux. Dites l'intrus. Vous allez ensuite entendre la réponse suivie de son explication.

1. gardienne, serveur, chômeur, fonctionnaire

____

2. congé, se détendre, débouché, vacances

____

3. économiser, gages, métier, sauf

____

EXERCICES DE GRAMMAIRE

Exercice 1 - Le subjonctif après certaines conjonctions -

Dans les phrases suivantes, remplacez *pourvu que* par *à condition que*, *quoique* par *bien que* et *afin que* par *pour que* selon le modèle.

modèle: Nous embaucherons quelqu'un pourvu que ses aptitudes soient exceptionnelles.
Nous embaucherons quelqu'un à condition que ses aptitudes soient exceptionnelles.

1. Tu parleras au préposé afin qu'il te donne une feuille à remplir.

____

2. Tu écriras avec soin afin qu'on te lise facilement.

____

3. Tu posteras ton C.V. afin qu'il arrive assez vite.

____

4. Tu garderas ton emploi pourvu que ton employeur ait du travail.

___

5. Nous vérifierons votre curriculum vitæ pourvu que vous vérifiiez le nôtre.

___

6. On le prendra comme caissier pourvu qu'il soit honnête.

___

7. Le contribuable paie des impôts quoiqu'il n'en ait pas envie.

___

8. Elle ne reçoit pas de bénéfices marginaux quoiqu'elle travaille à temps plein.

___

9. Il lit les annonces classées quoiqu'il ait encore son boulot.

___

Exercice 2 - Emploi de l'infinitif ou du subjonctif -

Répondez aux questions de façon logique en faisant attention à l'emploi du subjonctif ou de l'infinitif selon les modèles.

modèles: Tes amis te font passer une entrevue avant que tu ailles dans l'entreprise?
Oui, ils me font passer une entrevue avant que j'aille dans l'entreprise.

Tes amis te font passer une entrevue avant de te souhaiter bonne chance?
Oui, ils me font passer une entrevue avant de me souhaiter bonne chance.

1. Te rends-tu aux entrevues sans que tes parents le sachent?

___

2. Te rends-tu aux entrevues sans y être préparé(e)?

___

3. Écris-tu un C.V. intéressant pour qu'un employeur le retienne?

___

4. Suis-tu les conseils des experts pour écrire un bon C.V.?

___

Exercice 3 - Faire + infinitif -

Répondez aux questions en employant *faire* suivi de l'infinitif et en utilisant les pronoms objets directs *le*, *la*, *les* selon le modèle.

modèle: Tapes-tu tes lettres toi-même?
Non, je les fais taper.

1. Traduis-tu les textes toi-même?

____

2. Est-ce que le patron congédiera la contremaîtresse lui-même?

____

3. Est-ce que la patronne a embauché les travailleurs elle-même?

____

4. Construis-tu ce bâtiment toi-même?

____

5. Est-ce que tu abattras cet arbre toi-même?

____

Exercice 4 - Faire + infinitif -

Répondez aux questions en employant *faire* suivi de l'infinitif et en utilisant les pronoms objets indirects *lui*, *leur* selon le modèle.

modèle: Est-ce qu'on fait faire des tâches exigeantes aux ouvriers?
Oui, on leur fait faire des tâches exigeantes.

1. Est-ce qu'on fait remorquer le camion par le garagiste?

____

2. Est-ce qu'on fait payer l'assurance-emploi aux salariés?

____

3. Est-ce qu'on fait vérifier une demande d'emploi par un chef de personnel?

____

Exercice 5 - Rendre + adjectif -

Répondez aux questions en employant *rendre* suivi d'un adjectif opposé à celui que vous entendez selon le modèle.

modèle: Est-ce que le café te rend calme?
Non, il me rend nerveux.

1. Est-ce que l'ordinateur rend certaines tâches plus difficiles?

____

2. Est-ce que le calcul rend les enfants plus stupides?

____

3. Est-ce que les horaires flexibles rendent les gens plus malheureux?

____

Exercice 6 - Les pronoms indéfinis -

Répondez aux questions en employant la forme correcte de *tout* ou de *quelques-uns* selon le modèle.

modèle: As-tu apporté tous tes disques?
Oui, je les ai tous apportés.

1. Est-ce que tu connais tous les étudiants de la classe?

____

2. As-tu écrit quelques lettres?

____

3. As-tu téléphoné à toutes tes amies?

____

4. Est-ce que toutes ces questions sont difficiles?

____

5. As-tu vu quelques films récemment?

____

EXERCICE DE COMPRÉHENSION AUDITIVE

Voici des questions auxquelles vous devriez peut-être répondre si vous posiez votre candidature à un poste. Répondez aux questions comme vous le voulez sur la cassette, puis écoutez les réponses proposées et répétez-les toutes.

1. Quel genre d'emploi cherchez-vous?

    ____

2. Quand êtes-vous disponible?

    ____

3. Quelle est votre plus grande faiblesse?

    ____

4. Dans quel domaine vous êtes-vous spécialisé(e)?

    ____

5. Que faites-vous pour vous détendre?

    ____

6. Combien voulez-vous gagner?

    ____

7. Racontez-moi une expérience où vous démontrez que vous savez vous faire écouter des enfants.

    ____

    ____

8. Quand vous faites de la recherche, continuez-vous jusqu'à ce qu'elle produise un résultat?

    ____

9. Aimeriez-vous travailler un jour à votre compte?

    ____

    ____

10. Préférez-vous travailler à temps plein ou à temps partiel?

    ____

DICTÉE

Quand vous entendez "à la ligne", cela veut dire "take a fresh line".
Les deux derniers paragraphes sont déjà dans votre cahier de laboratoire.

Vous trouverez ci-joint mon curriculum vitæ.

Dans l'espoir que vous m'accorderez une entrevue, je vous prie d'agréer, Madame, Monsieur, l'expression de mes sentiments respectueux.

21
Chapitre vingt et un
L'humeur et l'humour

EXERCICES DE PRONONCIATION

(À la fin du chapitre 21 dans votre manuel)

EXERCICES DE GRAMMAIRE

Exercice 1 - L'antériorité dans le passé: le plus-que-parfait -

Qu'est-ce que Julie et Jean avaient déjà fait à dix heures du matin? Quand vous aurez entendu ce qu'ils ont fait avant dix heures du matin -au passé composé-, répétez-le selon le modèle.

modèle: À sept heures et demie, Julie et Jean ont pris une douche.
À dix heures, Julie et Jean avaient pris une douche.

1. À huit heures, Julie et Jean ont mangé leur petit-déjeuner.

____

2. À huit heures et demie, ils ont fait la vaisselle.

____

3. À neuf heures moins le quart, ils ont lu leur courrier électronique.

____

4. À neuf heures et quart, ils ont établi leurs projets pour la journée.

____

Exercice 2 - L'infinitif passé -

Vous remerciez les nombreuses personnes qui vous ont aidé(e) quand vous étiez malade.

Exemple: Ces personnes vous ont apporté des plantes.
Vous leur dites: *Merci de m'avoir apporté des plantes.*

1. Elles vous ont rendu visite à l'hôpital. Qu'est-ce que vous leur dites?

____

2. Elles vous ont raconté des blagues. Qu'est-ce que vous leur dites?

____

3. Elles vous ont ramené(e) à la maison. Que leur dites-vous?

___

4. Elles ne vous ont pas laissé(e) seul(e). Que leur dites-vous?

___

Exercice 3 - L'infinitif passé après la préposition *après* -

Répondez aux questions de façon logique en employant *après* et l'infinitif passé selon le modèle.

modèle: Est-ce qu'on peut conduire avant d'obtenir le permis de conduire?
Non. On peut conduire après avoir obtenu le permis de conduire.

1. Est-ce qu'on rit avant d'entendre une plaisanterie?

___

2. Est-ce qu'on est déprimé avant de recevoir une mauvaise nouvelle?

___

3. Est-ce qu'on est détendu avant de passer une entrevue?

___

4. Est-ce qu'on sent une douleur avant de tomber par terre?

___

Exercice 4 - Le verbe irrégulier *valoir* -

Donnez votre opinion sur les actions suivantes en employant l'expression *cela vaut la peine* ou *cela ne vaut pas la peine*. Écoutez la réponse suggérée sur la cassette.

Exemple: Nous préparons les exercices avant le cours.
Cela vaut la peine de préparer les exercices avant le cours. ou
Cela ne vaut pas la peine de préparer les exercices avant le cours.

1. Je me mets en colère pour un rien.

___

2. Je prends les choses du bon côté.

___

3. Nous voyageons en Europe.

___

4. Nous travaillons plus que nécessaire.

____

Exercice 5 - Le discours indirect -

Il y a trop de bruit pour qu'on entende ce que chacun dit. Répétez les paroles des autres en employant le discours indirect selon le modèle.

modèle: Il dit: "J'épouserai cette jeune personne."
Il a dit qu'il épouserait cette jeune personne.

1. Elle dit: "Je suis toujours de bonne humeur."

____

2. Il dit: "Nous voyons la vie en rose."

____

3. Elle dit: "Nous ne serons peut-être pas toujours d'accord."

____

4. Il dit: "J'ai toujours eu le sens de l'humour."

____

5. Elle dit: "Nous n'aurons pas économisé grand-chose avant de nous marier."

____

Exercice 6 - Le discours indirect -

Vous rapportez les questions de chacun selon le modèle.

modèle: Il demande: "As-tu le cafard maintenant?"
Il a demandé si j'avais le cafard à ce moment-là.

1. Il demande: "Pourquoi est-ce que tu es tendu(e) aujourd'hui?"

____

2. Elle demande: "Qu'est-ce qui t'a rendu(e) gai(e) hier?"

____

3. Il demande: "Que vas-tu visiter demain?"

____

4. Il demande: "Qu'est-ce que j'aurais dû faire cette semaine?"

____

5. Elle demande: "Est-ce que tu étais découragé(e) la semaine dernière?"

____

6. Elle demande: "Quelle heure te conviendra la semaine prochaine?"

____

EXERCICE DE COMPRÉHENSION AUDITIVE

Écoutez le dialogue qui suit, puis répondez aux questions oralement. Vérifiez vos réponses sur la cassette.

1. Après avoir écouté ce dialogue, pouvez-vous citer une technique du rire?

____

2. Pensez-vous que le rire a un rôle social?

____

3. Est-ce qu'on rit toujours parce qu'on s'amuse?

____

4. Qui profite de toutes les personnes qui ne sont pas contentes d'elles-mêmes?

____

DICTÉE

____

____

____

____

____

____

____

____

____

____

____

____

22
Chapitre vingt-deux
Les droits de la personne

EXERCICES DE PRONONCIATION

(À la fin du chapitre 22 dans votre manuel)

EXERCICES DE GRAMMAIRE

Exercice 1 - Le subjonctif passé -

Pourquoi des personnes quittent-elles leur pays? Faites une seule phrase avec les deux qui vous sont proposées selon le modèle.

modèle: Elles ont perdu l'espoir d'un bel avenir. C'est possible.
C'est possible qu'elles aient perdu l'espoir d'un bel avenir.

1. Quelques-unes ont voulu garder leur liberté. Ce n'est pas impossible.

____

2. D'autres ont eu conscience du danger qui les menaçait. C'est ce qui semble.

____

3. Beaucoup ont vécu des expériences pénibles. C'est possible.

____

4. Certaines sont parties par goût de l'aventure. Ce n'est pas impossible.

____

Exercice 2 - Le subjonctif passé -

Transformez les phrases suivantes en remplaçant *si* par *pourvu que* et en remplaçant *pourtant* par *bien que*.

modèle: Tu peux exercer ton droit de vote si on a mis ton nom sur la liste électorale.
Tu peux exercer ton droit de vote pourvu qu'on ait mis ton nom sur la liste électorale.

1. Il peint. Pourtant il n'a jamais étudié la peinture.

____

2. Ils vivent ensemble. Pourtant ils ne se sont jamais mariés.

____

3. Vous êtes responsables de vos enfants s'ils n'ont pas atteint l'âge de la maturité.

____

4. Nous sortirons ce soir si nous avons fini notre travail.

____

Exercice 3 - L'infinitif passé à la place du subjonctif passé -

Répondez aux déclarations selon le modèle.

modèle: Je suis enchanté(e) que tu aies réussi en politique.
Moi aussi, je suis enchanté(e) d'avoir réussi en politique.

1. Je suis content que tu aies porté secours au blessé.

____

2. Je suis contente que tu aies retrouvé tous tes biens.

____

3. Je suis fier/fière que vous soyez devenus citoyens canadiens.

____

4. Je regrette que vous soyez partis avant la fin de la réunion.

____

5. Je regrette que tu ne te sois pas senti(e) libre de réagir.

____

EXERCICES DE VOCABULAIRE

Exercice 1 - Le verbe *manquer* -

Exprimez la même idée que dans les phrases suivantes en utilisant le verbe *manquer* selon le modèle.

modèle: Robert Bélisle dit que les industries ont déjà trop peu de techniciens en robotique.
Robert Bélisle dit que les industries manquent déjà de techniciens en robotique.

1. Il dit aussi qu'on aura trop peu d'infirmières.

____

2. Les collèges n'ont pas assez de finissants en électronique.

____

3. On a aucune liberté dans certains pays.

____

Exercice 2 - Le verbe *manquer* -

Traduisez les phrases suivantes. Employez le verbe *manquer.*

modèle: I miss you.
Tu me manques.

1. I miss him.

____

2. I miss her.

____

3. I miss my friends.

____

4. I miss my dog.

____

5. I miss my cat.

____

Exercice 3 - Les verbes en *-indre* -

Exprimez la même idée que dans les phrases suivantes en utilisant les verbes *se plaindre, atteindre, craindre* ou *peindre* selon le modèle.

modèle: Il se lamente d'être fatigué.
Il se plaint d'être fatigué.

1. Elle se lamente d'avoir trop de responsabilités.

___

2. Des étudiants se lamentent de manquer d'aide.

___

3. L'idéal serait que les peuples arrivent à un même niveau d'égalité.

___

4. Peu de personnes arrivent à l'âge de cent ans.

___

5. As-tu encore peur d'aller chez le dentiste?

___

6. Faut-il avoir peur de perdre sa dignité?

___

7. Nous couvrons les murs de peinture.

___

EXERCICE DE COMPRÉHENSION AUDITIVE

Écoutez le dialogue qui suit, puis répondez aux questions oralement. Vérifiez vos réponses sur la cassette.

1. Combien de libertés fondamentales mentionne-t-on dans la Charte canadienne des droits et libertés?

___

2. De quelle liberté profitent les personnes qui croient en un être suprême?

___

3. De quelle liberté profitent les journalistes?

___

4. Qu'est-ce qui résulte des droits et libertés?

5. Voter est-il une obligation?

DICTÉE

EXERCICES DE COMPRÉHENSION

Chapitre 2
1. Ils ont trois téléphones.
2. Elles ont des crayons.
3. Tu as une maison.

Chapitre 3 (É = Étudiant(e); M = Mère)

É: Allô?
M: Oui, bonjour, chou.
É: Oh! C'est toi, maman?
M: Oui, c'est moi. Comment vas-tu?
É: Je vais bien. Et toi?
M: Moi, ça va. Est-ce que tu aimes l'université?
É: Bien sûr. J'ai de bons amis, et les professeurs sont intéressants.
M: Ils ne sont pas autoritaires?
É: Mais non, ils sont sévères mais raisonnables.
M: Tu aimes la résidence?
É: Oui, la chambre est petite mais confortable. Je travaille à l'ordinateur sur le bureau à gauche de la fenêtre.
M: Est-ce que tu manges bien?
É: Oui, c'est acceptable.
M: Eh bien, à la prochaine, alors. Étudie bien. Reste calme. Tu téléphones quel jour?
É: Je téléphone samedi. À plus tard.
M: Oui, à samedi.

Chapitre 4 (T = Touriste; R = Réceptionniste)

T: Excusez-moi, mademoiselle, le Château Frontenac, qu'est-ce que c'est?
R: C'est un hôtel superbe.
T: Est-ce qu'il est grand?
R: Oui, il est très grand. Il a cinq cent trente-neuf chambres.
T: Pourquoi s'appelle-t-il "Château Frontenac"?
R: Parce que le château porte le nom du comte de Frontenac, illustre gouverneur de la Nouvelle-France.
T: Où est le Château Frontenac?
R: Il est dans la Haute-Ville.
T: Quand est-ce que les touristes visitent le Château Frontenac?
R: Ils visitent l'édifice de neuf heures du matin à cinq heures de l'après-midi. Téléphonez pour avoir l'heure des visites guidées.
T: C'est une bonne idée! Quel est le numéro de téléphone?
R: C'est le six cent quatre-vingt-douze, trente-huit, soixante et un. Avez-vous d'autres questions?
T: Oui. Comment va-t-on au Château Frontenac?
R: Oh, c'est facile. Nous sommes dans la rue des Jardins. Allez dans la rue Sainte-Anne, tournez à droite dans la rue du Trésor. Le Château Frontenac est alors devant vous.
T: Eh bien, merci beaucoup, mademoiselle. À plus tard.

Chapitre 5 (Questions)

1. Avez-vous faim?
2. Pourquoi est-ce que tu vends ta voiture?
3. Veux-tu attendre l'autobus?
4. Peux-tu venir chez moi ce soir?
5. Où est-ce qu'on vend des médicaments.

Chapitre 6 (V = Vendeuse; D = Daniel)

V: Bonjour, monsieur. Je peux vous aider?
D: Oui, je veux acheter un pantalon.
V: Quelle est votre taille?
D: Je porte du trente-quatre, je pense.
V: Quelle couleur aimez-vous?
D: J'aime bien le bleu marine.
V: Voilà un pantalon bleu marine qui est élégant et confortable.
D: En effet, je vais l'essayer.
V: La cabine d'essayage est par ici.
D: Combien coûte-t-il?
V: Il est assez bon marché. Il coûte seulement quarante dollars cette semaine.
D: Pouvez-vous élargir ce pantalon?
V: Oui, mais alors vous devez payer dix dollars de plus.
D: Est-ce que ce pantalon est en laine?
V: Non, il est en fibres synthétiques. Quand souhaitez-vous avoir votre nouveau pantalon?
D: Samedi prochain.
V: Pas de problème. Nous pouvons élargir ce pantalon pour vendredi soir. Alors, voulez-vous l'acheter?
D: Peut-être... Acceptez-vous les cartes de crédit?
V: Bien sûr.
D: Dans ce cas, j'achète.

Chapitre 7 (M = Météorologiste; C = Claude)

M: Bonjour, Claude.
C: Comment allez-vous?
M: Très bien. Il fait très beau aujourd'hui, et il fait sec. Il ne fait pas de vent. Demain, dans la plupart des régions, c'est la même chose. Mercredi, il va commencer à pleuvoir.
C: Oh, c'est bientôt l'automne.
M: Oui, vendredi on va avoir des maximums de quinze, ça reste près des normales.
C: Quels sont les détails pour l'ouest du lac Ontario, c'est-à-dire les régions de London, Niagara Falls, Toronto, Oshawa?
M: Aujourd'hui, il fait du soleil avec un maximum de seize à dix-neuf, un minimum cette nuit de trois à sept. Demain, c'est un ciel couvert de nuages, toujours chaud avec un maximum de dix-neuf.
C: Il fait combien à l'est du lac Ontario, Peterborough, Kingston?
M: Aujourd'hui, ensoleillé, il va y avoir des nuages pendant l'après-midi. Demain, ça reste généralement nuageux. Le maximum, les deux jours, c'est près de seize, le minimum, la nuit, près de un.
C: Et finalement, combien fait-il au sud de la baie Géorgienne, Penetang et Barrie?

M: Aujourd'hui, ensoleillé avec passages nuageux, un maximum de seize. Cette nuit, le minimum près de quatre. Mardi, un ciel variable, il y a possibilité d'un peu de pluie. On a trente pour cent de chance d'avoir de la pluie, le maximum près de dix-huit.

C: Et quelle température avons-nous maintenant?

M: Il y a du soleil partout, excepté à Peterborough où il fait nuageux. À London, on a quatre degrés; à Kitchener il fait moins un; à Sainte-Catherine, zéro; à Hamilton, quatre; à Toronto-Pearson, un; sur l'île de Toronto, on a huit degrés; à Muskoka, un; à Barrie, cinq; à Peterborough, deux sous zéro; à Trenton, il fait zéro; la même chose pour Kingston; à Buffalo, on a deux degrés.

C: Eh bien, merci beaucoup, à la prochaine.

M: Oui, au revoir.

Chapitre 8

- As-tu déjà skié au mont Tremblant au Québec?
- Non. Connais-tu le mont Tremblant?
- Je sais que c'est une montagne qui n'est pas très haute. Je sais aussi qu'il y a un parc où on trouve des pistes de ski magnifiques.
- Peut-on pratiquer tous les sports d'hiver?
- Oh oui! On peut faire du ski, de la planche à neige, de la raquette, du patinage...
- Qu'est-ce qu'on fait quand on ne sait pas skier?
- Alors on apprend avec un moniteur. Le mont Tremblant a même des visiteurs de France et de Belgique. Ils viennent pendant leurs vacances d'hiver entre la mi-février et la mi-mars.
- Ces vacances doivent leur coûter cher!
- Pas réellement parce que le dollar canadien est bas; alors pour eux, les hôtels ne sont pas chers. Ils apportent même leur maillot de bain et nagent dans la piscine de l'hôtel.
- Ils peuvent faire cela en France aussi.
- Oui, mais au Québec, ils aiment trouver la grande nature, le calme, l'espace.
- Je comprends. Je pense que je vais aller skier là aussi.

Chapitre 9

Le vendredi vingt-cinq mars mille neuf cent quatre-vingt-quinze, un touriste parisien originaire du Vietnam a pris l'autocar à Ottawa pour aller à Vancouver.
Le touriste a demandé au conducteur: "Combien de temps faut-il pour aller à Vancouver?"
Le conducteur lui a répondu: "Il faut trois jours." Le touriste a dit: "Vous voulez dire trois heures... Je pense qu'il en faut deux." Le conducteur a dit: "Mais non. Il y a quatre mille sept cents kilomètres entre Ottawa et Vancouver. Il faut trois jours."
À ce moment, le touriste est devenu furieux. Il a voulu prendre le contrôle de l'autocar. Le conducteur est resté sur son siège et il a pu garder le contrôle de l'autocar. Quand le touriste a touché le bouton de la porte, il est tombé par la porte et il est mort sur la route.

Chapitre 10 (J = Journaliste; C = Chanteur)
Une journaliste interviewe un chanteur.

J: Merci de répondre à mes questions après votre représentation. Je sais que chanter prend de l'énergie. Comment se sent-on quand on se trouve comme ça devant soixante-quinze mille personnes?

C: Un grand public devant soi, ça fait peur et, en même temps, c'est encourageant. Avant la représentation, j'entends le public qui attend avec impatience. J'espère qu'il va aimer le spectacle et je suis vraiment nerveux. Cela s'appelle avoir le trac. Mais moi aussi, j'ai hâte de rencontrer le public. C'est vrai ... Et quand je me trouve dans la lumière, quand j'entre en scène, il y a une intensité énorme qui se crée, le public m'emporte et je chante. Le public applaudit et moi, je suis heureux.

J: Pourquoi chantez-vous?

C: J'aime chanter depuis longtemps. Les autres aiment m'écouter, alors je continue.

J: Avez-vous peur de tomber malade avant un spectacle?

C: Je ne veux pas penser à cette possibilité. Mais je bois beaucoup d'eau pour ne pas avoir facilement mal à la gorge.

J: Je vous souhaite encore beaucoup de succès.

C: Merci.

Chapitre 11

Des parents ont peur pour leurs enfants. Pourquoi? Ils vous le disent maintenant. "Nous croyons qu'ils étudient trop longtemps et qu'ils ne savent pas quelle profession choisir. Tout le monde ne peut pas devenir ingénieur ou informaticien, n'est-ce pas? Pourquoi n'étudient-ils pas dans une université dans leur ville quand c'est possible. Ça coûte moins cher ... Quand ils ont besoin d'argent pour payer leur chambre, leurs études, la nourriture, ils acceptent un petit travail mal payé qui prend trop de temps sur leurs études. Ne se rendent-ils pas compte qu'avoir son diplôme en main donne une vraie indépendance?
Sont-ils paresseux, malchanceux, myopes? Ont-ils peur? Nous ne savons pas."

Une jeune personne répond:
"Je vais avoir vingt ans dans une semaine. Je connais la situation des enfants de ces personnes. Non, nous ne sommes pas plus paresseux que nos parents. Nous cherchons une vie plus agréable que métro, boulot, dodo. Et eux, se rendent-ils compte que les changements sont plus nombreux maintenant qu'avant? On va à l'université. On en sort avec un beau diplôme, mais le travail où est-il? Nous croyons que vingt ans, c'est le plus bel âge. Aller à l'université, voyager, rencontrer des amis, n'est-ce pas plus intéressant qu'aller travailler huit heures par jour, cinq jours par semaine? Ce n'est pas impressionnant. On trouve le petit travail qui nous permet de manger, on n'a pas beaucoup d'argent, mais on est libre: pas de mari, pas de femme, pas d'enfant. Ne vous inquiétez pas. Nous savons que c'est temporaire."

Chapitre 12

Les habitudes alimentaires ont bien changé. Les recettes minceur sont maintenant à la mode, mais quand j'étais jeune, il n'y a pas tellement longtemps, on mangeait des aliments beaucoup plus gras. En hiver, au déjeuner, notre mère nous servait du pain frit dans de la graisse de lard. Pour le dîner, elle préparait parfois des haricots avec des pommes de terre, des oignons et du lard. Quand elle faisait de la soupe, elle y mettait un os et dans la soupe, il y avait des yeux de graisse.
Nous buvions du lait de ferme. Il était plus gras que le lait que nous buvons aujourd'hui. La viande de porc, de bœuf et de veau était aussi plus grasse parce que les animaux mangeaient une nourriture différente. La viande n'était pas uniformément rouge. On y trouvait de fines lignes blanches.

Et pourtant moins de personnes étaient obèses qu'aujourd'hui. Je crois que nous marchions beaucoup plus. Nous allions à l'école à pied: vingt minutes aller, vingt minutes retour, deux fois par jour.

Chapitre 13

- On dit que les gens heureux n'ont pas d'histoire, c'est complètement faux. Mais leur vie n'intéresse pas ceux qui aiment le sensationnalisme. Mes parents, par exemple, ont fait connaissance à une soirée organisée chez des amis. Ils sont tombés amoureux. Comme ils travaillaient dans une ville différente, ils se voyaient seulement le week-end. Il sortaient ensemble depuis un an quand ils se sont fiancés pour se marier six mois plus tard. Ils se sont mariés religieusement et civilement. Seule la famille a assisté au mariage. Ma mère a attendu un premier enfant puis un deuxième. Elle est restée au foyer quand je suis né et elle nous a élevés avec l'aide de mon père. Celui-ci lui disait souvent combien il appréciait la tâche qu'elle remplissait auprès des enfants... et dans la cuisine. Il nous a bien dirigés dans nos études. Ma mère a repris le travail quand nous sommes allés à l'école, pas de garderie pour nous. Nous avons grandi dans un ménage uni par des liens d'amour. Ils ont célébré leurs noces d'argent il y a peu de temps. Ils s'entendent aussi bien qu'au premier jour, peut-être même mieux.
- Je crois toujours que la famille traditionnelle où l'un des parents travaille et l'autre reste au foyer pour élever les enfants est le modèle idéal. Mais je pense que ce n'est pas possible de nos jours. La vie est devenue tellement chère.
- Je crois que tu as tort. Qui dit qu'il faut aller le plus souvent possible au restaurant pour être heureux? Les enfants ont-ils vraiment besoin de cours de piano, de danse, etc.? Doivent-ils porter des vêtements à la dernière mode? Il ne faut pas être victime de la publicité ...
- Je ne sais pas que faire avec des enfants toute la journée.
- Eh bien, nous regardions moins souvent la télévision que nos copains. À la maison, nous avons appris à lire, à étudier, à faire nos jouets parfois. Nous ne nous ennuyions pas.
- Moi, je suis en faveur des unions libres. Vivre en concubinage prépare mieux au mariage que les fiançailles d'autrefois.
- Ça, c'est l'influence des idées de certaines personnes en faveur de la liberté sexuelle. Regarde les couples autour de toi. Vivre ensemble avant le mariage ne les a pas aidés. Il y a encore beaucoup de divorces. Au contraire, quand on est resté sage pendant ses fiançailles, il semble qu'on n'est jamais fatigué de se retrouver quand on est marié. Il faut échanger beaucoup d'idées pour se connaître, pour voir si on a les mêmes goûts, les mêmes idées sur l'éducation des enfants, les mêmes idées sur l'argent. Voilà ce qui prépare un mariage réussi.

Chapitre 14

- Au mois d'août on entend parler à la radio d'une fête de l'Acadie au Nouveau-Brunswick. Qu'est-ce que c'est?
- Le quinze août, c'est la fête de l'Acadie. C'est une fête populaire où se retrouvent des familles du Québec, de l'Alberta, de la Louisiane, du Texas et de la France. De plus, à cette date, des intellectuels se rencontrent à l'université de Moncton pour parler de l'Acadie économique et sociale.
- Connais-tu tous les détails de la dispersion des Acadiens au dix-huitième siècle?
- J'ai appris qu'en dix-sept cent cinquante-quatre, Charles Lawrence, général anglais, est devenu gouverneur de l'Acadie. En dix-sept cent cinquante-cinq, il a ordonné la déportation des Acadiens parce que ceux-ci vivaient sur les meilleures terres cultivables et le long des côtes où la pêche était bonne. Il les a déportés au nom du roi Georges II d'Angleterre dont ce n'était pas l'ordre.
- Était-ce devenu une grosse communauté?

- En dix-sept cent cinquante-cinq, ils étaient trente fois plus nombreux qu'en seize cent soixante et onze.
- J'ai entendu parler d'une certaine requête il y a cinq ans.
- Oui, un avocat de la Louisiane a demandé des clarifications au gouvernement de l'Angleterre au sujet de la déportation des Acadiens en temps de paix. Le gouvernement de la Louisiane appuie la requête de cet avocat. Je n'en sais pas plus.

Chapitre 15

Émile Nelligan est né en dix-huit cent soixante-dix-neuf et est mort en dix-neuf cent quarante et un.
Il a appartenu à l'École littéraire de Montréal qui comprenait quatre avocats, un graveur, deux journalistes, un médecin, un libraire, cinq étudiants, un notaire et un peintre en bâtiment bohême raffiné qui était aussi son ami.
Émile Nelligan a écrit toute son œuvre poétique entre seize et dix-neuf ans. Pendant sa vie, il a fait face à beaucoup d'incompréhension: le cercle fermé de l'École littéraire de Montréal ne comprenait pas sa poésie; sa mère l'adorait, mais son père le rejetait car celui-ci ne trouvait pas raisonnable d'écrire des poèmes et voulait que son fils se trouve un travail rémunérateur. Émile Nelligan est devenu névrosé, c'est-à-dire très déprimé, et a passé de nombreuses années dans des hôpitaux psychiatriques. Il n'a laissé ni lettres, ni nouvelles, ni romans à ses lecteurs. Cet écrivain a exprimé les souvenirs heureux de son enfance. Son écriture a été influencée par les auteurs romantiques et symbolistes français.
Ses personnages sont purs, ses rimes sont riches. Émile Nelligan incarne le mythe du poète maudit. La première édition de ses "Poésies complètes" date de mille neuf cent cinquante-deux. Aujourd'hui, la critique littéraire reconnaît l'ensemble de ses vers comme un chef-d'œuvre de la culture québécoise. Tout le monde connaît son nom, sa photo; ses poèmes sont mis en musique; on le trouve dans tous les manuels scolaires; Robert Favreau a réalisé un film à son sujet. C'est maintenant une vedette.

Chapitre 16

- Penses-tu que les progrès technologiques permettent de communiquer avec les autres plus facilement?
- Assurément, si on sait où les trouver. Mais il y a un danger. Le contact électronique peut être plus facile que celui en tête-à-tête. Des personnes passent des heures, parfois des nuits branchées à Internet et perdent le contact avec famille et amis.
- S'il y a un risque de dépendance, il faut éviter ce moyen d'information.
- Voilà une opinion que je ne partage pas! Est-ce que le vin est mauvais pour la santé parce que des gens en boivent trop?
- Non. Je comprends ton point de vue. En fait, je trouve la messagerie électronique vraiment pratique. Il ne faut pas attendre dix jours pour qu'une lettre arrive d'Europe. Par conséquent, les nouvelles sont toujours fraîches quand on échange du courrier électronique d'où qu'il vienne. Évidemment, maintenant je dois imprimer moi-même les lettres que je reçois si je les veux sur papier!
- Suis-tu les conseils des banques qui encouragent leurs clients à faire des transactions dans le cyberespace?
- Non, j'hésite à faire des transactions à cause du manque de sécurité.
- Sais-tu qu'on parle maintenant d'inforiches, d'infopauvres, d'infopollution?
- C'est amusant de voir tous les nouveaux mots qui se créent. Cependant, je vois un autre danger. Soixante pour cent des communications se font en anglais.
- Si les Français avaient inventé l'autoroute électronique, ils auraient inventé les termes. Mais ne t'inquiète pas. On compte de plus en plus de sites francophones. Moi, je pense qu'un jour on pourra contrôler sa maison par l'autoroute électronique dans sa propre langue!

Chapitre 17

- As-tu déjà entendu parler d'écotourisme?
- Non, je n'en ai jamais entendu parler. Qu'est-ce que c'est?
- C'est du tourisme pour les amoureux de la nature. Des groupes organisés proposent des activités sportives respectueuses de la nature. Par exemple, au Saguenay, au Québec, il est possible de se promener sur un petit sentier à Tadoussac pour admirer le panorama du Fjord.
- Il y a un fjord comme en Norvège?
- Parfaitement. Et ce fjord est aussi beau que ceux de Norvège. C'est un endroit unique pour admirer les baleines.
- Et comment va-t-on voir les animaux marins sans les déranger?
- On peut louer un kayak ou réserver une place sur un bateau à voiles. On admire alors les animaux dans le silence en ne polluant pas la mer.
- Je suppose qu'il faut arriver tôt.
- Oui, mais en attendant le départ, on peut aller observer les oiseaux migrateurs à l'observatoire de Baie Sainte-Catherine.
- N'est-ce pas dangereux d'aller ainsi sur la mer?
- Non, on ne va nulle part seul. De plus, les bateaux ont un moteur pour des raisons de sécurité. On ne l'utilise pas.
- Cela me donne des idées pour les prochaines vacances. Je pense que la voile est la meilleure méthode pour voir des animaux marins en respectant leur milieu naturel.
- Tu trouveras des renseignements précis en naviguant sur Internet. Tu n'as qu'à écrire écotourisme dans un moteur de recherche.

Chapitre 18

- Aujourd'hui, nous avons lu un texte sur la Louisiane, tu sais, là où vivent les Cajuns?
- Les Cajuns? Je ne connais pas. Qui sont les Cajuns?
- Lorsqu'on a expulsé des Acadiens de l'Acadie, un certain nombre se sont rendus jusqu'en Louisiane parce qu'on y parlait français. Les habitants de la Louisiane ont appelé ces Acadiens "Cajuns", ce qui était leur façon anglaise de dire "Acadiens". Le nom "Cajun" est resté.
- Pourquoi parlait-on français en Louisiane?
- Parce que des Français s'y étaient établis avant les Acadiens. Cavelier de La Salle, un explorateur français, lui a donné son nom.
- Et d'où vient le nom Louisiane?
- Cela vient du nom du roi de France, Louis quatorze. Cavelier de La Salle a occupé la Louisiane au nom du roi de France en seize cent quatre-vingt-deux. Napoléon Bonaparte l'a vendue aux États-Unis en dix-huit cent trois.
- Est-ce que les Cajuns ont des coutumes typiquement françaises?
- Oui. Par exemple, ils aiment miser sur les combats de coqs, un jeu de hasard qui vient de France. L'accordéon est un instrument essentiel dans la musique des Cajuns. Or, autrefois, l'accordéon était un instrument très populaire en France pour faire danser les gens. L'héritage français se remarque aussi dans l'architecture et dans des noms de villes. On peut penser à la capitale, Baton Rouge, à la ville principale, La Nouvelle-Orléans, au foyer francophone le plus important, Lafayette.
- Il n'est pas impossible que je visite la Louisiane dans un proche avenir. Je pense que je passerai du temps dans une communauté cajun. Ce que tu m'as raconté m'a vraiment intéressé(e).

Chapitre 19
MONTREZ VOS CONNAISSANCES
Vous avez lu le texte d'Yves Thériault "Le rêve d'Ashini". Qu'avez-vous ainsi appris au sujet des autochtones? Qu'apprenez-vous aussi en écoutant les nouvelles?

1. Ils ne sont pas contents de leurs conditions de vie.
2. Ils sont menés par le chef des premières nations.
3. Ils vivent de chasse et de pêche.
4. Ils chassent le gibier, le chevreuil et le caribou par exemple.
5. Les truites et les saumons sont du "gibier de rivière".
6. Elles veulent reprendre leurs territoires.
7. Elles veulent retrouver le droit à l'autodétermination.
8. Elles vont les atteindre en discutant avec le gouvernement canadien.
9. Les Amérindiens seraient maîtres de leurs terres. Ils pourraient établir leurs lois.
10. Ils utilisent les baies, les herbes tendres, les racines guérisseuses, le thym, le genévrier.
11. Oui, les membres des tribus amérindiennes sont fiers.

Chapitre 20
1. Je cherche un emploi de psychologue.
2. Je serai disponible dans un mois.
3. J'ai de la difficulté à parler en public.
4. Je me suis spécialisé(e) dans la psychologie de l'enfant.
5. Je fais du sport et je lis.
6. J'ai l'intention d'accepter le salaire compétitif qu'on me proposera.
7. Quand je garde des enfants et qu'un enfant ne veut pas m'obéir, je lui demande pourquoi. Je l'écoute, je lui dis mes raisons. C'est ainsi que je me fais le mieux obéir.
8. Oui, je cherche jusqu'à ce que j'obtienne un résultat.
9. Je voudrais d'abord travailler avec une personne expérimentée, mais je pourrais travailler un jour à mon compte.
10. Je préfère travailler à temps plein.

Chapitre 21
- Nous venons de lire un texte humoristique de Clémence Desrochers. L'as-tu aimé?
- Oui, parce qu'elle y fait la parodie d'une situation très à la mode en ce moment.
- Laquelle?
- Tu sais que, maintenant, des clubs se forment dans tous les domaines.
- Oui, bien sûr. Dans son monologue, elle ne parle aussi que de catastrophes comme à la radio et à la télévision où on n'entend parler que des gens qui ont des problèmes.
- Et c'est ce dont elle se moque?
- Mais oui. Elle montre l'absurdité des ennuis que certaines personnes se créent.
- Par exemple?
- Les gens ne s'acceptent pas comme ils sont. Par exemple, cela ne leur convient ni d'être gros ni d'être maigres. Cela rend d'ailleurs les auteurs de certains livres riches.
- J'ai bien aimé ses références à tous les livres qu'on peut trouver pour mieux vivre.
- Moi aussi. Et ce qui m'a fait rire, c'est le titre inattendu des livres et des chansons.
- As-tu remarqué ce qu'elle dit au sujet des émissions de télévision en série?
- Oui, elle a raison, les personnages y rencontrent beaucoup de malheurs.
- Même la dernière ligne est amusante. Quand on fonde un club, on est certain que tout ira bien, mais pas Clémence Desrochers!

Chapitre 22

La Charte canadienne des droits et libertés garantit les droits et libertés qui y sont formulés. Les quatre libertés fondamentales des Canadiens sont: la liberté de conscience et de religion, la liberté d'opinion et d'expression, la liberté de réunion pacifique et la liberté d'association.

Chaque citoyen canadien a droit à l'égalité, à la vie, à la liberté et à la sécurité de sa personne. Il a des droits démocratiques, des droits linguistiques, le droit à l'instruction dans la langue de la minorité et les droits de circulation et de séjour partout au Canada.

Il est intéressant d'observer que les libertés ne créent pas nécessairement des droits et que les droits ne donnent pas toute liberté. Par exemple, si nous sommes libres de nous exprimer dans la langue de notre choix, cela ne nous donne pas le droit d'être compris dans cette langue; si nous avons le droit à la vie, cela ne nous donne pas la liberté d'en disposer comme bon nous semble.

Il est aussi intéressant de constater que les notions de droits et de libertés ne peuvent être bien appliquées sans la compréhension des notions d'obligations et de responsabilités qui en résultent. Par exemple, le droit de vote ne crée pas un devoir mais une responsabilité pour le maintien des libertés démocratiques.